中高速增长阶段收入分配调整与产业结构升级（14A2D019）

中国产业结构转型过程中劳动市场性别差异之谜

任继球 ◎ 著

中国社会科学出版社

图书在版编目（CIP）数据

中国产业结构转型过程中劳动市场性别差异之谜/任继球著.—北京：中国社会科学出版社，2018.11
ISBN 978-7-5203-3708-3

Ⅰ.①中… Ⅱ.①任… Ⅲ.①劳动力市场—性别差异—研究—中国 Ⅳ.①F249.212

中国版本图书馆 CIP 数据核字（2018）第 272635 号

出 版 人	赵剑英
责任编辑	王　曦
责任校对	孙洪波
责任印制	戴　宽
出　　版	中国社会科学出版社
社　　址	北京鼓楼西大街甲 158 号
邮　　编	100720
网　　址	http://www.csspw.cn
发 行 部	010-84083685
门 市 部	010-84029450
经　　销	新华书店及其他书店
印刷装订	北京君升印刷有限公司
版　　次	2018 年 11 月第 1 版
印　　次	2018 年 11 月第 1 次印刷
开　　本	710×1000　1/16
印　　张	12.5
插　　页	2
字　　数	173 千字
定　　价	58.00 元

凡购买中国社会科学出版社图书，如有质量问题请与本社营销中心联系调换
电话：010-84083683
版权所有　侵权必究

谨以此书献给我的母亲

序

改革开放 40 年以来，我国经济快速增长，产业结构转型加快，2015 年我国服务业占比突破 50%，成为国民经济的第一大产业。而在此过程中，我国劳动市场也在发生深刻变化，特别是劳动供给拐点开始出现，人口红利优势不断丧失。在这一历史背景下，我的同事任继球博士将研究重点聚焦在中国产业结构转型过程中劳动市场性别差异上，可以为缩小劳动市场性别差异，改善女性在劳动市场上的表现，提升女性的劳动供给，缓解中国劳动力短缺提供决策支撑。

经济学理论研究者和实践者的一个主要任务就是归纳总结经济现象，对之进行解释，并提出启示和建议，该书完美地诠释了这一点。作者将对中国劳动市场性别差异的观察置于产业结构转型的大背景中，置于世界主要国家历史数据的跨国比较中，经过大量的数据分析，创新性地提出了"中国产业结构转型过程中劳动市场性别差异之谜"这一新命题。该书研究了中国服务业发展对劳动参与率和劳动工资性别差异的影响，从需求和供给两个方面探讨了服务业发展对劳动市场性别表现差异的缩小机制。该书还检验了中国市场化改革对劳动市场性别差异的影响，并基于市场化改革对中国劳动市场性别差异之谜解释的不足，提出了一个新的解释，即利用中国不断增长的流动人口来解释中国劳动参与率与劳动工资的性别差异。该书研究发现，中国大量的流动人口发生的外出迁移有很大一部分是在家庭视角下发生的，即他们选择是否迁移和挑选迁入地会综合考虑到家庭的整体利益，由于男性在家庭中的经济地位要强于女性，这导致了女性在迁移中处于被动地位，她们往往沦为"被动迁移者"，这会限制她们在迁移地的就业机会，降低她们的劳动参与率，进而减少她们的工资水平。

改革开放40年中国经济取得的巨大成就，一定程度上可以归功于劳动力的转移。流动人口是过去几十年中国经济社会的一个重要特征。近年来很多学者重点研究流动人口带来的一系列问题，如户籍制度改革、流动人口健康和子女教育等，鲜有学者意识到流动人口也带来性别差异扩大的问题。作者采用严谨的经济学分析方法和翔实的数据证实了流动人口带来的性别差异扩大问题。针对这一问题，作者提出了改善女性在家庭迁移中的被动地位，促进女性流动人口就业的政策建议。

作者任继球博士，读博期间在产业经济学和劳动经济学等相关学科领域积累了较为扎实的理论功底，掌握了利用经济学研究方法对中国经济问题深入分析的能力。该书选题新颖，框架合理，思路清晰，问题的提出具有独创性，对问题的解释逻辑缜密、结论可信，对策建议具有指导性和可操作性。希望该书的出版给国内读者了解劳动市场性别差异带来一个新的视角，给相关理论研究者和实践者带来启发。当然，该书对中国产业结构转型过程中劳动市场性别差异的分析是一个探索性研究，对这一问题的分析可能还不尽全面，还有很多相关问题的研究有待进一步深化。

黄汉权

2018 年 11 月 20 日

前　言

　　产业结构转型是世界各国和地区，特别是西方发达国家的一个重要经济现象，很多国家和地区服务业早已成为支撑一国（地区）经济的第一大产业。数据表明，随着服务业的发展，这些国家和地区劳动市场上的性别差异正在不断缩小。改革开放 40 年以来，伴随着经济增长，中国服务业得到了稳步发展。然而，与这些国家和地区不同的是，随着中国服务业部门的不断发展，中国劳动市场的性别差异在产业结构转型过程中并没有缩小，劳动参与率的性别差异有略微扩大之势，性别工资差异也并未缩小。基于此，本书将中国与世界各国和地区在劳动市场性别差异的不一致现象定义为"中国产业结构转型过程中劳动市场性别差异之谜"，这个悖论主要包括两个方面：其一是中国的产业结构转型并没有带来中国劳动市场性别差异的缩小；其二是，中国劳动市场性别差异在近 30 年里呈现出小幅扩大的趋势。

　　本书结合中国的服务业发展状况研究了中国服务业发展对中国劳动参与率和劳动工资性别差异的影响，从需求和供给两个方面探讨了服务业发展对劳动市场性别表现差异的缩小机制，以解释"性别差异之谜"的第一个方面所涉及的内容。服务业会带来劳动需求结构的改变，使劳动需求偏向于女性变动，产业结构转型带来的服务业份额的提高会促进劳动市场性别差异的缩小，但这种作用较弱，这可能是因为中国各个地区的服务业发展差距较大，而在近二十年里，服务业发展水平远远滞后于世界发达国家。从供给来看，中国产业结构转型带来的服务业份额提高会改变中国劳动供给的性别差异，具体而言会缩小性别间的教育差异，主要表现为增加女性的教育机会，性别教育差异的缩小会改变两性之间的人力资本积累差距，进而缩小劳动市场性别差异，但这种机制不会在短期作用于劳动市场，促进即期劳动市场性别差异减小，扩大的教育投资要转化为全社会的劳动供给需要很长一段时间，但在长期，可以预料产业结构转型会提高女性劳动供给的质量和数量，缩小劳动市场性别差异。

　　本书还探讨了中国劳动市场性别差异出现小幅扩大趋势的原因。本书通过改善数据和更新市场化改革评价指标研究了中国市场化改革对劳动市场性别差异的影响，结果并未发现中国市场化改革能够带来中国劳动市场的性别歧视，结果也未显示中国市场化改革带来了劳动市场的性别差异。基于市场化改革对中国劳动市场性别差异之谜解释的不足，本书从劳动市场本身出发，提出了一个新的解释，即利用中国不断增长的流动人口来解释中国劳动参与率与劳动工资的性别差异。本书梳理了改革开放以来中国劳动市场的一个非常重要的现象，即中国流动人口不断增长，并成为中国人口中的重要一部分。而这些流动人口发生的外出迁移有很大一部分是在家庭视角下发生的，即他们选择是否迁移和挑选迁入地会综合考虑家庭的整体利益。由于男性在家庭中的经济地位要强于女性，这导致了女性在迁移中处于被动地位，她们往往沦为"被动移民者"，这会限制她们在迁移地的就业机会，降低她们的劳动参与率，进而减少她们的工资水平。本书研究还发现，人口流动效应尽管会随着时间逐渐降低，但时间稀释效应太慢。本书研究了迁移满三年及以上对劳动市场性别差异的影响，结果发现迁移对劳动参与率和劳动工资的性别差异的影响依然显著存在。除此之外，本书还研究了高等教育是否会改变女性在家庭迁移中的弱势地位，结果发现迁移对高等教育水平人群的劳动参与率性别差异的影响并不显著，但迁移仍然会显著影响高等教育水平人群的性别工资差异，相较于低教育水平人群，影响会有所减小。也就是说，随着教育水平的提高，女性在家庭迁移中会逐渐改变被动迁移者的身份，在家庭迁移中发挥积极主动的作用，从而减小迁移对性别差异的影响。

　　基于此，本书提出了改善女性在家庭迁移中的被动地位，促进女性流动人口就业的政策建议。具体而言，需要不断提高女性的受教育水平，改善女性在家庭迁移中的弱势地位；在主要迁入地可以通过产业结构调整，配套解决被动迁移者的就业问题，使大城市或特大城市的产业发展更适合男女和谐发展；主要迁入地和中大城市要做好流动人口落户的配套工作，方便流动人口长期居住和工作；还可以通过一些措施促进流动人口在迁入地寻找配偶结婚，减少被动迁移，从而减少劳动市场的性别差异。

目 录

第一章 导论 ……………………………………………………………… 1

　第一节 研究背景及研究意义 …………………………………………… 1
　第二节 相关概念的梳理 ………………………………………………… 4
　第三节 本书使用数据说明 ……………………………………………… 6
　　一 世界发展指数数据库 ……………………………………………… 6
　　二 人口普查数据 ……………………………………………………… 7
　　三 中国健康与营养调查数据库 ……………………………………… 7
　　四 2005年的1%人口抽样调查数据 ………………………………… 8
　　五 流动人口数据 ……………………………………………………… 8
　　六 农业部农村固定观察点数据 ……………………………………… 9
　第四节 研究方法与本书结构 …………………………………………… 9
　　一 研究方法 …………………………………………………………… 9
　　二 本书结构 …………………………………………………………… 11
　第五节 本书的创新点与局限性 ………………………………………… 13
　　一 本书可能存在的创新点 …………………………………………… 13
　　二 本书的局限性 ……………………………………………………… 14

第二章 产业结构转型与劳动市场性别差异：一个文献回顾 ……… 15

　第一节 引言 ……………………………………………………………… 15
　第二节 产业结构转型：原因与影响 …………………………………… 15
　第三节 劳动市场性别差异：来源与改善原因 ………………………… 19
　　一 性别歧视 …………………………………………………………… 19

二　劳动供给方面 …………………………………………… 19
　　三　劳动需求方面 …………………………………………… 25
第四节　本章总结 …………………………………………………… 27

第三章　"中国产业结构转型过程中劳动市场性别差异之谜"的提出 ……………………………………… 28

第一节　引言 ………………………………………………………… 28
第二节　发达国家典型特征事实 …………………………………… 29
　　一　劳动参与率性别差异 …………………………………… 29
　　二　性别工资差异 …………………………………………… 34
第三节　中国台湾地区劳动市场性别差异的历史数据 …………………………………………… 37
第四节　"中国悖论" ………………………………………………… 40
　　一　中国的产业结构转型过程 ……………………………… 40
　　二　中国的劳动参与率性别差异 …………………………… 41
　　三　中国的性别工资差异 …………………………………… 46
第五节　本章总结 …………………………………………………… 53

第四章　产业结构转型与中国劳动市场性别差异：需求方面 ……………………………………… 55

第一节　引言 ………………………………………………………… 55
第二节　文献综述与核心假说 ……………………………………… 56
第三节　数据、变量和模型 ………………………………………… 58
第四节　实证分析结果 ……………………………………………… 60
　　一　产业结构转型对劳动参与率的性别差异的影响 …………………………………… 60
　　二　产业结构转型对性别工资差异的影响 ……………… 65
第五节　基于服务业发展滞后的解释 ……………………………… 68
　　一　服务业份额 ……………………………………………… 69
　　二　服务业结构 ……………………………………………… 72

三　服务业生产率 ………………………………………… 75
　第六节　本章总结 ………………………………………………… 78

**第五章　产业结构转型与中国劳动市场
　　　　性别教育差异：供给方面** ……………………………… 80

　第一节　研究背景与研究意义 …………………………………… 80
　第二节　性别教育差异与劳动市场性别差异 …………………… 83
　　一　中国性别教育差异（1990—2010 年）…………………… 83
　　二　性别教育差异缩小对劳动
　　　　市场性别差异的影响 ……………………………………… 84
　第三节　对传统文献的批判性回顾 ……………………………… 87
　第四节　服务业发展缩小性别教育差异的机制分析 …………… 90
　　一　理论模型 …………………………………………………… 90
　　二　关键假设及其现实基础 …………………………………… 92
　第五节　实证分析检验 …………………………………………… 94
　　一　数据和模型设定 …………………………………………… 94
　　二　回归结果 …………………………………………………… 95
　　三　稳健性检验 ………………………………………………… 99
　第六节　总结与讨论 ……………………………………………… 108

第六章　中国市场化改革能解释劳动市场性别差异扩大吗 ……… 110

　第一节　引言 ……………………………………………………… 110
　第二节　中国市场化改革进程及相关文献综述 ………………… 111
　第三节　市场化改革与劳动市场性别歧视：
　　　　　基于国有部门和非国有部门分类的研究 ………………… 114
　　一　Blinder - Oaxaca 工资分解方法 ………………………… 114
　　二　实证分析结果 ……………………………………………… 115
　第四节　市场化改革、性别歧视与劳动市场性别差异：
　　　　　基于市场化指数的研究 …………………………………… 120
　第五节　总结与讨论 ……………………………………………… 125

第七章 人口流动与"性别差异之谜":基于家庭迁移的视角 … 128

- 第一节 引言 … 128
- 第二节 相关文献综述 … 130
- 第三节 家庭迁移与女性被动迁移 … 134
- 第四节 人口流动与中国劳动市场性别差异 … 137
  - 一 数据说明与描述性统计 … 137
  - 二 识别方法和估计方程 … 140
  - 三 回归结果 … 141
  - 四 稳健性检验 … 145
- 第五节 进一步的研究 … 148
  - 一 时间效应 … 148
  - 二 高等教育与女性被动迁移 … 151
- 第六节 总结与政策建议 … 153

第八章 结论、对策建议与展望 … 157

- 第一节 本书结论 … 157
  - 一 中国产业结构转型过程中劳动市场性别差异悖论 … 157
  - 二 产业结构转型与"性别差异之谜" … 159
  - 三 市场化改革 vs. 人口流动 … 160
- 第二节 对策建议 … 161
  - 一 持续推动产业结构转型升级,大力发展现代服务业 … 161
  - 二 不断推进市场化改革,通过市场竞争消除性别歧视 … 162
  - 三 改善女性在家庭迁移中的被动处境,促进女性流动人口就业 … 163
- 第三节 研究展望 … 165

参考文献 … 167

图目录

图1-1　本书结构框架……………………………………… 13
图3-1　中国第一、第二、第三产业收入份额
　　　　（1978—2013年）………………………………… 40
图3-2　中国第一、第二、第三产业就业份额
　　　　（1978—2013年）………………………………… 41

表目录

表3-1 美国主要部门的有偿工人或就业的分布（1900—1990年） ………… 29
表3-2 美国1900—1990年劳动力的职业分布 ………… 30
表3-3 美国1890—1990年分年龄分性别的劳动参与率以及女性在劳动力中所占比例 ………… 31
表3-4 美国1900—1990年分性别白领工人占非农业劳动力比例 ………… 32
表3-5 OECD国家劳动参与率性别比较（1990—2013年） ………… 33
表3-6 美国分年龄全职工人性别小时工资比 ………… 34
表3-7 各国全职工人平均周工资性别比 ………… 35
表3-8 日本的性别工资比（1962—1988年） ………… 36
表3-9 中国台湾分性别劳动参与率（1978—2012年） ………… 38
表3-10 中国台湾性别工资比（1981—2014年） ………… 39
表3-11 中国劳动参与率的性别差异（1990—2013年） ………… 42
表3-12 中国劳动参与率的性别差异 ………… 42
表3-13 中国劳动参与率性别差异 ………… 43
表3-14 中国分年龄段劳动参与率性别差异 ………… 44
表3-15 分城乡劳动参与率的性别差异 ………… 45
表3-16 分地区分性别的劳动参与率 ………… 45
表3-17 中国性别工资差异 ………… 47
表3-18 中国分城乡性别工资比 ………… 48
表3-19 中国分地区性别工资比 ………… 49

表3-20	中国分年龄性别工资比	50
表3-21	中国分行业性别工资比	51
表3-22	中国分教育程度性别工资比	52
表3-23	中国国有部门和非国有部门性别工资比	53
表4-1	产业结构转型对劳动参与率性别差异的影响：基于CHNS数据的研究	61
表4-2	产业结构转型对劳动参与率性别差异的影响：基于2005年1%人口抽样数据的研究	63
表4-3	产业结构转型对性别工资差异的影响：基于CHNS数据的研究	65
表4-4	产业结构转型对性别工资差异的影响：基于2005年1%人口抽样调查数据的研究	67
表4-5	中华人民共和国成立以来服务业的就业份额和收入份额	70
表4-6	中国与主要发达国家服务业收入份额和就业份额比较	71
表4-7	中国三大产业就业份额	72
表4-8	2010年中国细分行业分性别的就业人数比例	73
表4-9	中国三大产业中就业性别比例	74
表4-10	中国女性三大产业就业份额	75
表4-11	中国男性三大产业就业份额	75
表4-12	中国服务业全要素生产率及其增长率	77
表4-13	四个发达国家服务业全要素生产率的增长率	77
表5-1	分性别的各教育程度占比	84
表5-2	1990年中国分性别分教育的劳动参与率	85
表5-3	2010年中国分性别分教育的劳动参与率	85
表5-4	中国分教育程度性别工资比	86
表5-5	中国分产业的劳动类型需求	93
表5-6	描述性统计（1970—2012年）	95
表5-7	基准模型回归结果	96

表 5-8	不同收入组国家的回归结果	97
表 5-9	工业份额和非农份额的回归结果	98
表 5-10	第一阶段回归结果	100
表 5-11	工具变量回归结果	102
表 5-12	中国 2005 年 1% 人口普查抽样数据的回归结果	104
表 5-13	产业结构转型与性别教育回报	107
表 6-1	全样本性别工资差异分解	117
表 6-2	非公共部门性别工资差异分解	118
表 6-3	公共部门性别工资差异分解	118
表 6-4	基于 2005 年 1% 人口普查数据的性别工资差异分解	119
表 6-5	2010 年劳动参与率性别差异和市场化最高和最低五个省（区、市）情况	121
表 6-6	市场化指数对劳动参与率性别差异的影响	122
表 6-7	2005 年性别工资差异、歧视差异和市场化指数最高和最低五个省（区、市）情况	123
表 6-8	市场化指数对性别工资差异和歧视差异的影响	124
表 7-1	女性被动迁移回归结果	135
表 7-2	分性别分婚姻的人口流动比	138
表 7-3	分性别分婚姻的流动人口和常住人口的劳动参与率	139
表 7-4	分婚姻的流动人口和常住人口的月工资及性别工资比	139
表 7-5	人口流动对劳动参与性别差异的回归结果	141
表 7-6	人口流动对性别工资差异的回归结果	144
表 7-7	家庭无小孩样本回归	145
表 7-8	基于 2012 年流动人口数据回归结果	147
表 7-9	分性别分婚姻的劳动参与率（迁移 3 年以上）	149
表 7-10	分婚姻的月工资及性别工资比（迁移 3 年以上）	150
表 7-11	迁移 3 年以上对劳动市场性别差异的回归结果	150
表 7-12	分教育回归结果	152

第一章 导论

第一节 研究背景及研究意义

产业结构转型是世界各国和地区特别是西方发达国家的一个重要经济现象。对于这些国家和地区,服务业早已成为支撑国内(地区)生产总值的最大产业,例如,2012年美国的服务业份额为79.4%,日本为72.7%,英国为78.0%,法国为79.1%,中国台湾地区为68.3%(2013年数据)。随着服务业的发展,这些国家和地区劳动市场上的性别差异正在不断缩小,在本书中主要表现为劳动参与率和劳动工资的缩小。这主要是因为,随着一个国家或地区经济的发展,该国或地区会发生产业结构转型,即从农业和制造业向服务业转型,导致服务业份额逐渐上升,逐渐成为该国或地区经济的主要产业。这种结构转型给女性带来了利好,因为农业和制造业一般都需要体力劳动,而相比之下服务业需要脑力劳动,也就是说非服务业一般都是体力劳动密集型产业,而服务业是脑力劳动密集型产业。女性与男性相比,她们在体力劳动上存在先天不足,处于绝对劣势,但是在脑力劳动上,相较于体力劳动,女性具有比较优势。而结构转型带来的服务业的发展会使女性充分发挥脑力劳动的优势,缩小性别之间的差异(Jayachandran,2014)。

事实上,近半个世纪以来,随着世界各国和地区服务业的发展,这些国家和地区出现了一个新现象,即在劳动市场上性别间的差异不断缩小,主要表现在劳动参与率和性别工资差异两个方面(Goldin,

1994；Blau and Kahn，1992，1996，2006；Rendall，2010；Wellington，1993；Goldin，2014）。以美国和中国台湾地区为例，美国的女性劳动参与率从1950年的32%上升到2005年的71%，而男性劳动参与率在这半个世纪里基本保持不变，且性别工资比从1980年的59%上升到2005年的77%（Rendall，2010），而中国台湾地区劳动参与率的性别差异从1978年的38.83%缩小到2012年的16.64%，性别工资比从63.88%快速上升到2014年的84.61%。

在改革开放的30多年里，中国经济快速发展，以年均9.8%的速度持续增长，并且在2010年中国GDP总量达到58786亿美元，正式超过日本成为全球第二大经济体（谭洪波和郑江淮，2012）。在经济增长的同时，经济结构也发生了重大转变，产业结构逐渐优化。2013年，中国第一产业收入份额为10.0%，第二产业收入份额为43.9%，第三产业收入份额为46.1%，这三个数字在改革开放前的1978年分别是28.2%、47.9%和23.9%。第三产业上升趋势明显，成为支撑国内生产总值的最大产业。

在产业结构转型背景下，中国劳动市场性别差异是体现了如世界各国和地区一样的缩小趋势，还是呈现出中国独有的特征？如果呈现出中国独有的特征，那又是什么促成了这个中国特色？这些都将是本书研究的重点，研究这些问题意义重大。

首先，劳动市场性别差异的缩小有利于促进和改善女性在劳动市场上的表现，也有利于促进女性的劳动供给，从而缓解当代中国劳动力短缺给经济增长带来的负面影响。始于1983年的计划生育政策已经在中国严格施行了30多年，20世纪80年代出生的第一批独生子女的父母也已经到了退休年龄，中国进入人口老龄化社会。1982年中国老年抚养比为8.0%，截至2012年，中国的老年抚养比已经上升到12.7%，预计在未来的半个世纪里，中国的老龄化问题将更为严重，预计在2035年，中国老年抚养比将上升到30.69%，到2070年大幅上升到54.3%（陈彦斌等，2014）。老龄化问题最直接的影响是劳动人口的减少，进而减少劳动供给。新走入劳动市场的独生子女能力远不及退休的老龄人，劳动市场会不断出现劳动力的净退出，导致出现劳动力供给短缺。而改革开放以来，中国经济的快速增长有很大一部分来自出口贸易的不断扩大，出口贸易中的比较优势来自人口红利、廉价的劳动力、农村大量剩余劳动力的转移。但经过30多年的发展，中国对劳动力的需求不断增加，人口红利逐渐消失，人口老龄化带来的劳动供给短缺将会严重限制中国经济的发展。在中国人口老龄化的同时，随着经济的飞速发展，产业结构转型不断升级，服务业也得到了有效发展。1978年，中国服务业份额仅占23.94%，截至2012年，中国服务业份额已经达到44.59%，略低于中国工业，预计在未来半个世纪里，中国的服务业还会不断发展，并成为支撑中国经济的支柱产业。产业结构升级会不可避免地带来劳动力需求结构的改变。农业和制造业对劳动力的体力劳动要求较高，而相比之下，服务业则对劳动力的脑力劳动要求较高。然而，男女两性的自然性别特征差异决定男性在体力劳动上拥有绝对优势，这也决定经济体对男性劳动力需求远远强于对女性劳动力的需求。但随着产业结构的转型，女性相对劣势会逐渐缩小。随着中国的经济发展，中国产业结构转型带来的中国服务业的飞速发展会给女性带来利好，同时也会相对增加对女性劳动力的需求。而长期以来，中国女性劳动参与率是远远低于男性的，据2010年第六次人口普查数据显示，中国女性劳动参与率为63.73%，远远低于男性的78.16%。也就是说，女性劳动力还有很大潜力成为未来中国弥补劳动供给不足的重要来源。

其次，劳动市场性别差异的缩小有利于解决男女平等问题，促进两性和谐发展。自1949年中华人民共和国成立以来，中国政府采取了许多促进男女两性平等、缩小性别差异的措施，譬如，实行"一夫一妻制"，使女性免受具有封建思想的男性奴役；同时，"男女同工同酬"提高了女性的经济地位；除此之外，"妇女参政议政"提高了女性的政治地位，且"男女平等"更是从法律上保证了她们和男性一样具有公民权利与义务的独立（易中天，2006）。更重要的是，20世纪50年代后期城镇地区采取的"统招统分"就业政策，使男女性别差异几乎被消除，因此性别间的差异在经济学上一段时间内很少受到人们的关注。但是自1978年改革开放以来，我国经历了从计划经济向市场经济转变的过程，市场机制在资源特别是人力资源配置中，起到越来越重要的作用，企业和个体在工资制定和就业选择上拥有越来越多的自主决策权。在这一过程中，人们观察到性别工资差异在逐渐扩大（zhang et al.，2008），与此同时，和男性相比，处于竞争弱势地位的女性失业率上升得更快（丁赛等，2007）。因此，到21世纪，男女平等问题又开始逐渐受到经济学家的关注。另外，随着产业结构转型的不断推进、体现女性比较优势的服务业的发展，女性的劳动生产率开始逐渐提高，劳动市场的性别问题得到了国外和国内很多学者的关注（如Blau and Kahn，2002；Rendall，2010；Goldin，1990；Blau and Kahn，1992，1996，2006；Wellington，1993；Goldin，2014；张丹丹，2004；Li et al.，2011；陈建宝和段景辉，2009；葛玉好和曾湘泉，2011）。本书研究了中国产业结构转型过程中劳动市场性别差异之谜，通过宏观数据和各种微观数据描述了近30年中国劳动参与率与劳动工资的性别差异状况，研究了过去30年中国的产业结构转型对劳动市场性别差异的影响，并探讨了中国市场化改革对劳动市场性别差异的影响，最后从人口流动的视角出发解释了中国劳动市场性别差异略有扩大的现象，这有利于从理论上解释中国目前性别失调和性别不平等的现实状况，也有利于政府和相关机构采取一系列措施缩小劳动市场性别差异，进而促进男女平等，促进社会和谐发展。

第二节 相关概念的梳理

劳动市场性别差异（gender gap in labor market）。本书主要从两个方面来评价性别在劳动市场中的表现：其一是劳动参与率；其二是劳动工资。劳动参与率的性别差异可以用来评价劳动雇用方对是否招录女性的性别歧视，而劳动工资的性别差异可以评价劳动雇用方招录女性后付给女性报酬的性别歧视。通过这两个变量基本可以全面衡量劳动市场上性别之间的差异。

产业结构转型（structural transformation）与服务业发展。产业结构转型是指伴随着现代经济增长过程的经济活动在农业、工业和服务业三大部门之间的转移。产业结构转型强调的是劳动力和资本等经济资源在三大部门间的动态转移过程，尽管在绝对量上三大部门都会有不同程度的增长，但三大部门增加值的相对量却存在一个此消彼长的过程。而现阶段产业结构转型主要表现为农业部门收入份额或劳动份额相对缩小，工业部门收入份额或劳动份额先上升后下降，服务业部门收入份额或劳动份额不断增长。服务业即为生产和销售服务产品的生产部门和企业的集合。服务产品与其他产业产品相比，具有非实物性、不可储存性和生产与消费同时性等特征。在我国国民经济核算实际工作中，将服务业视同第三产业，即将服务业定义为除农业、工业、建筑业之外的其他所有产业部门。服务业发展一般是指服务业部门增加值绝对值的增加或者服务业收入份额的相对增加。但本书对产业结构转型的研究主要集中在产业结构转型中服务业份额的不断增长这个角度，因此在本书一些章节中，产业结构转型在某种程度上与服务业发展是相通的，但在有些章节服务业发展是产业结构转型的一个集中体现，但不完全等同于产业结构转型。

劳动参与率（labor force participation rate）与劳动供给（labor supply）。劳动参与率，是指经济活动人口（包括就业者和失业者）占劳动年龄人口的比率，是用来衡量人们参与经济活动状况的指标。劳动参与率的计算公式为：劳动力参与率 =（有工作人数 + 目前正在找工作人数）/（16—64 岁人口）×100%。而劳动供给是指在一定的市场工资率的条件下，劳动力供给的决策主体（家庭或个人）愿意并且能够提供的劳动时间。劳动供给和劳动参与率的主要区别在于劳动参与率强调了经济体中愿意工作而没有工作的一部分劳动力。另外，劳动供给衡量的是一个经济体中所有用来劳动的人和时间，强调的是真正用在生产上的资源。而劳动参与率则更多地强调了现实经济中潜在的劳动力或劳动供给水平，劳动参与率高的经济体经过一定时期的调整可以加大劳动供给。

性别工资差异（gender pay gap）、性别教育差异（sex differences in education）与性别歧视（gender discrimination）。性别工资差异是指

男性和女性的工资差异，一般用女性工资占男性工资的百分比来衡量。一般认为，性别工资差异是由很多原因造成的，包括招录的性别歧视、教育选择的差异、工资谈判的歧视、男性和女性职位的区别、工作经历的性别差异和就业期的间断。性别教育差异可以分为两类：第一类是教育机会的性别差异。一般来说，男性在享有教育机会的概率上远远大于女性。第二类是教育结果的性别差异。教育机会的性别差异会直接影响教育结果的性别差异，没有接受教育的机会，教育的结果肯定也会很差。在给定同等水平教育机会的情况下，教育结果的性别差异主要取决于男性和女性在学习和认知能力方面的差异。但在重男轻女思想还很严重的很多发展中国家，教育结果的性别差异主要是由教育机会的性别差异造成的。在本书，性别教育差异主要是指教育机会的性别差异。性别教育差异的缩小会转变为劳动市场性别差异的缩小。性别歧视是指一种性别成员对另一种性别成员的不平等对待，尤其是男性对女性的不平等对待。两性之间的不平等，造成社会的性别歧视，也可用来指称任何因为性别所造成的差别待遇。性别歧视会造成性别工资差异，也会造成性别教育差异，而性别教育差异也会造成性别工资差异。性别教育差异和性别工资差异是性别歧视的具体体现。

第三节　本书使用数据说明

一　世界发展指数数据库

世界发展指数数据库是世界银行负责开发和整理的，该数据库涵盖了世界绝大多数国家（214个国家），并整理了根据地理位置和收入水平分类的加总数据，如整个亚洲地区、整个中高等收入国家总和等。世界发展指数数据库的指标主要有教育、环境、经济政策和负债、金融和财政、健康、基础设施、劳动和社会保障、贫困、私有部门和贸易以及公共部门等方向的数据。本书利用到的服务业份额数据和劳动参与率数据分别来源于经济政策和负债以及劳动和社会保障。

二　人口普查数据

本书会用到1982年的第三次人口普查数据、1990年的第四次人口普查数据、2000年的第五次人口普查数据和2010年的第六次人口普查数据。人口普查是指在国家统一规定的时间内，按照统一的方法、统一的项目、统一的调查表和统一的标准时点，对全国人口普遍地、逐户逐人进行的一次性调查登记。人口普查工作包括对人口普查资料的搜集、数据汇总、资料评价、分析研究、编辑出版等全部过程，它是当今世界各国广泛采用的搜集人口资料的一种最基本的科学方法，是提供全国基本人口数据的主要来源。从1949年至今，中国分别在1953年、1964年、1982年、1990年、2000年与2010年进行过六次全国性人口普查。以第六次人口普查为例，全国人口普查采取全员制普查，也就是说普查涉及每个家庭和个人，做到调查员入户调查，且涉及性别、年龄、婚姻、住房、就业和迁移等多个方面。本书利用的劳动参与率数据来源于人口普查就业方面的数据。

三　中国健康与营养调查数据库

中国健康与营养调查数据库（CHNS）来自中国疾病预防控制中心营养与食品安全所（原中国预防医学科学院营养与食品卫生研究所）与美国北卡罗来纳大学人口中心合作的追踪调查项目，其目的在于探讨中国社会的经济转型和计划生育政策的开展对国民健康和营养状况的影响。该调查始于1989年，截至目前共进行了9次，范围覆盖了9个省的城市和农村地区，内容涉及人口特征、经济发展、公共资源和健康指标。除此之外，还有详细的社区数据，包括食品市场、医疗机构和其他社会服务设施的信息。上面这些特点使CHNS具有独特的应用价值。除此之外，CHNS数据还报告了个人的就业和工资等劳动市场信息，对本书的研究提供了跨越20多年的大样本微观数据。

该调查采用多阶段分层整群随机抽样方法，具体步骤如下：第一步，在中国的东部、中部、西部地区采用简单随机抽样方法共抽取9个省作为第一层级进行调查。第二步，按照收入等级（低、中、高）将各省的县进行分层，并根据一个权重样本表随机抽取9个省的4个县（1个高收入县、2个中等收入县和1个低收入县）作为农村样本

（共抽取了36个县），各县除县城外再随机抽取3个村，分别代表该县的高、中、低三个收入层次（共抽取了108个乡村）；抽取每个省的省会和一个低收入城市作为城市样本，各城市的市区（共抽取了41个市区）和郊区（共抽取了38个郊区）随机抽取。第三步，对抽取的城市和农村样本再按照简单随机抽样的方法共抽取220个社区样本，再从每个社区抽取约20个家庭住户进行入户调查，共得到约4400个家庭住户、19000个个人样本。

四　2005年的1%人口抽样调查数据

2005年的1%人口抽样调查的每个省市按照国家统计局分配的样本数量和调查原则，组织实施抽样调查。实际调查样本约占全国人口的1.31%。国家统计局从这些调查样本（约1698.6万人）中，按照简单随机抽样的方法抽取1/5的样本提供给研究机构。本书使用2005年抽样调查数据的观测样本约为258万人。2005年的1%人口抽样调查数据包括两个部分，即家庭数据和个人数据。家庭数据包括了家庭地址、户别、家庭住房情况等数据；个人数据包括了与户主关系、性别、年龄、上学和受教育水平等人口特征变量，是否工作、工作职业和工资等工作变量。鉴于2005年的1%人口抽样调查数据对个人工作情况的详细说明以及其横截面样本量巨大的特点，可以用来研究女性的劳动参与率和性别工资差异这两个问题，并能充分反映中国的基本情况。

五　流动人口数据

2012年流动人口数据是计划生育委员会2012年组织调查的流动人口数据。该数据对2011年接受调查的家庭户、社区和县（或乡镇）进行基本信息、人口流动迁移的特点、留守家庭生存发展状况、当地社会经济和资源环境基本信息等追踪了解。另外，该数据补充了对以喀斯特地貌地区、东北边境地区、西南少数民族地区流动人口相关情况为主题的调查。该数据追踪调查采取家庭问卷、社区问卷、报表方式收集相关信息，一次性调查采取社区问卷、报表方式收集相关信息。另外，该数据囊括了15万个左右的观测值，也包含了劳动参与率和月工资等变量，因此利于本书研究家庭视角下人口流动对女性劳动参与率和性别工资差异的影响。

六 农业部农村固定观察点数据

农业部农村固定观察点办公室的调查数据（RCRE 数据）包括从 2003 年到 2006 年对中国各省众多农村家庭各种经济指标的全面调查信息。RCRE 数据库分为八个部分，其中包括家庭类型、家庭成员基本情况及劳动和收入信息、土地情况、产出投入信息、固定资产和家庭全年收支等。另外，数据库中有包含调查农户所在村的基本信息。本书的研究涉及村基本信息变量、家庭类型、家庭成员务工信息和家庭收入信息四部分。

本书除了用到这些主要数据以外，一些数据还来自各年的《中国统计年鉴》《中国人口年鉴》《中国第三产业年鉴》等。另外，还有一些别国数据，因为数据有限，所以本书只能从国外的文献上参考引用。

第四节 研究方法与本书结构

一 研究方法

本书使用的方法主要有三种，即文献研究法、描述性研究法和计量经济学方法，其中计量经济学方法是本书使用最多也最为依赖的一种方法，本部分将重点介绍这种方法，并讨论计量经济学方法的可行性和有效性。

文献研究法。本书搜集了产业结构转型和劳动市场性别差异两个方面的文献。首先，本书通过对这些文献的研究和分析讨论了产业结构转型带给经济体的多方面影响，并将产业结构转型与劳动市场性别差异联系起来，探求历史经济文献里讨论的产业结构转型对世界发达国家劳动市场性别差异的影响，以比较中国的产业结构转型对劳动市场性别差异的影响。其次，通过对劳动市场性别差异研究文献的总结和分析，本书厘清了影响劳动市场性别差异的多方面因素，主要分为劳动需求、劳动供给和性别歧视三个方面。为后文研究中国劳动市场性别差异提供了准确的研究方向。最后，本书研究了世界发达国家关于家庭迁移的经济文献，并与中国现实经济情况相比较，提出了家庭迁移视角下男性主导的人口流动会扩大劳动市场性别差异的假说。

描述性研究法。本书搜集了大量的跨国产业结构数据和劳动市场性别差异数据，描述了世界发达国家近半个世纪里产业结构转型和劳动市场性别差异的关系，并对比描述了自改革开放以来中国的产业结构转型情况和劳动市场性别差异状况，最后对比发现中国劳动市场性别差异与世界发达国家的情况完全不同，因此提出了本书的核心问题——"中国产业结构转型过程中劳动市场性别差异之谜"。除此之外，本书还描述了中国目前男女两性在教育水平上的区别，国有部门和非国有部门员工的性别工资差异以及中国流动人口的婚姻状况和性别差异现状。

计量经济学方法，是本书采用最多的经济学研究方法。（1）计量经济学的发展及简介。自《计量经济学》杂志在1933年创办以来，计量经济学方法在国外已经发展了80多年，而中国引进这一方法也就30多年的时间，因此计量经济学方法是一个比较新的经济学研究方法。弗里希在《计量经济学》的创刊词中说道："用数学方法探讨经济学可以从好几个方面着手，但任何一方面都不能与计量经济学混为一谈。计量经济学与经济统计学绝非一码事；它也不同于我们所说的一般经济理论，尽管经济理论大部分都具有一定的数量特征；计量经济学也不应视为数学应用于经济学的同义语。经验表明，统计学、经济理论和数学这三者对于真正了解现代经济生活中的数量关系来说，都是必要的，但各自并非是充分条件。而三者结合起来，就有力量，这种结合便构成了计量经济学。"计量经济学的基础是一整套建立在数理统计理论上的计量方法，属于计量经济学的"硬件"，计量经济学的用途或目的主要有两个方面：其一是理论检验。这是计量经济学用途最为主要和可靠的方面，也是计量经济学本身的一个主要内容。其二是预测应用。从理论研究和方法的最终目的看，预测（包括政策评价）当然是计量经济学的最终任务，必须注意学习和了解，而其预测的可靠性或有效性也应十分注意。（2）计量经济学方法的可行性和有效性。现代经济学研究建立的基本假设前提是：现实经济世界中存在着某种具有规律性的机制，这种机制是由经济主体的生产、交易、消费等行为构成的，并进一步认为经济机制的某些规律性是可以测度的，这种可测的机制部分称为数据生成过程（DGP）（Hendry，1995）。经济学家对于客观经济世界真实DGP 的认识和探索经历了一场从决定论法则到"无序中的有序"的概率论法则的变革，而在这场变革中，计量经济学起着至关重要的作用。计量经济学家将随机性视为客观经济现象的特殊矛盾性，并致力于寻找合适的方法论基础以保证计量经济学应用的可靠性（王美今等，2012）。事实上，随着数据的可获得性和数据质量的不断提高，以计量经济学方法为研究方法的经验分析在国内外经济研究中得到了广泛应用。肖金川等（2014）通过对 2001—2012 年五大顶级英文经济学研究期刊所刊登论文的分析发现，2001—2012 年经验研究类论文占刊登论文总数的 44.2%，从 2001 年的 40.4% 增加到 2012 年的 50.5%，12 年间增加了 10.1 个百分点。(3) 本书采用计量经济学方法主要是基于理论检验的目的。本书采用计量经济学的方法，利用横截面数据和面板数据研究分析服务业发展滞后对劳动参与率和劳动工资性别差异的影响。本书利用一系列微观数据的实证分析方法，例如，面板数据固定效应模型、工具变量模型、双重差分方法、LOGIT 模型等，研究分析了服务业发展对性别教育差异的影响，并研究了家庭视角下男性主导的人口流动对中国劳动市场性别差异的影响。

二 本书结构

本书的行文逻辑是：在过去的半个多世纪里，世界各国和地区经历了服务业飞速发展的产业结构转型，而服务业的发展会大大发挥女性在脑力劳动上的比较优势，本书通过对各国和地区劳动市场性别差异（主要是劳动参与率和劳动工资的性别差异）历史数据的描述，勾勒出了半个世纪以来世界发达国家劳动市场性别差异的基本走势，然后对比研究中国近 30 年劳动市场性别差异，即劳动参与率和劳动工资的性别差异。虽然中国自 1978 年改革开放以来也经历了类似的服务业快速发展的产业结构转型，但本书研究发现中国女性在劳动市场的表现与世界发达国家的情况完全是不一致的，进而提出了"中国产业结构转型过程中劳动市场性别差异之谜"（以下简称"性别差异之谜"这一论题）。特别需要强调的是，本书提出的"性别差异之谜"包含两个方面：其一是中国的产业结构转型并没有带来中国劳动市场性别差异的缩小；其二是与世界其他国家和地区完全不同，中国劳动市场性别差异在近30年里还呈现出小幅扩大的趋势。因此，本书结合中国的服务业发展状况研究了中国服务业发展对中国劳动参与率和劳动工资性别差异的影响，从劳动需求和劳动供给两个视角研究分析了服务业发展对劳动市场性别表现差异的缩小机制，以解决"性别差异之谜"的第一个方面。具体而言，从劳动需求来看，服务业发展对劳动市场性别差异的缩小机制会在短期内实现，而从劳动供给来看，服务业发展也会短期缩小性别教育差异，但性别教育差异要转化为劳动市场性别差异则需要一个长期的过程，因此本书探讨了服务业发展对性别教育差异的影响，以探求产业结构转型对劳动市场性别差异的长期影响。

接着，本书开始探索"性别差异之谜"第二方面的原因。很多学者已经注意到了中国劳动市场的性别差异有不断扩大的趋势，并开始解释中国这一独特现象。他们主要从市场化改革的角度来探讨中国劳动市场的性别差异（Meng，1998；Liu et al.，2000；Maurer - Fazio and Hughes，2002；李实和古斯塔夫森，1999；Rozelle et al.，2002）。其中有一些学者将中国劳动市场性别差异扩大的原因归结为中国市场化改革（如 Maurer - Fazio and Hughes，2002）。本书通过改善数据和更新市场化改革评价指标研究了中国市场化改革对劳动市场性别差异的影响，以探求中国的市场化改革是否能够解释中国出现的劳动市场性别差异扩大的趋势。结果并未发现中国市场化改革能够带来中国劳动市场的性别歧视，也没发现能够带来劳动市场的性别差异，也就是说中国的市场化改革并不能解释中国劳动市场的性别差异。基于市场化改革对中国劳动市场性别差异之谜解释的不足，本书提出了一个新的解释，即利用中国不断增长的流动人口来解释中国劳动参与率与劳动工资的性别差异。

因此本书的结构安排如下：第二章是本书的相关文献综述，整理了产业结构转型、劳动市场性别差异研究的相关文献；第三章在产业结构转型的背景下比较世界发达国家和中国劳动市场性别差异情况,并提出了"中国产业结构转型过程中劳动市场性别差异之谜";第四章从需求方面分析研究了中国产业结构转型对劳动市场性别差异的影响;第五章从供给方面分析研究了中国产业结构转型对性别教育差异的影响,这会长期影响中国劳动市场的性别差异;第六章探讨了中国市场化改革能否解释中国劳动市场性别差异小幅扩大的趋势;第七章从人口流动视角解释了中国劳动参与率与劳动工资的性别差异;第八章总结全书。

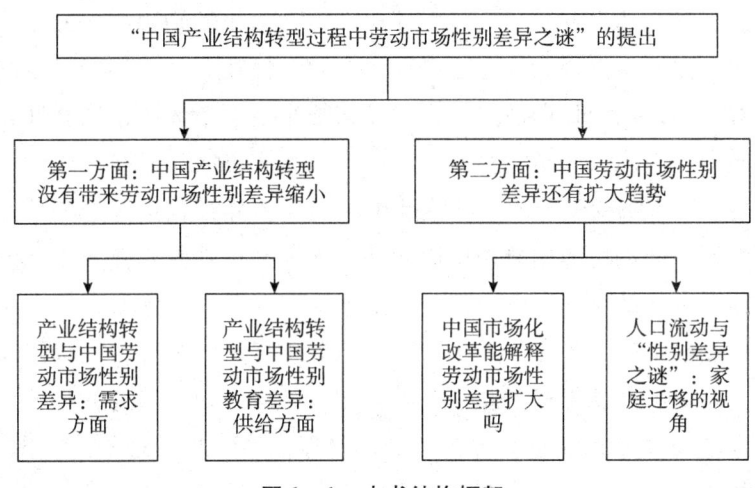

图 1-1 本书结构框架

第五节 本书的创新点与局限性

一 本书可能存在的创新点

首先,本书选题新颖。本书采用各种宏观数据和微观大样本数据,系统地研究了自改革开放以来,中国产业结构转型过程中男女两性在劳动市场上的表现,勾勒出了劳动参与率和劳动工资性别差异的时间趋势,并将这两种趋势与世界各国和地区进行比较,结果发现中国劳动市场性别差异大的时间趋势与这些国家和地区的基本事实相违背。中国劳动参与率的性别差异在近 30 年里有小幅扩大的趋势,而性别工资差异在近 30 年里也没有明显缩小,因此本书创造性地提出了"中国产业结构转型过程中劳动市场性别差异之谜"。

其次,本书全面系统地分析了中国服务业发展的现状,从服务业份额、服务业内部结构和服务业生产率三个角度解析了中国服务业滞后的特点,从劳动需求的角度在一定程度上解释了中国服务业发展带给女性利好的有限性,以及并不能大幅度改变中国女性在劳动市场的表现,也不能改变中国劳动市场性别差异的整体变化趋势。

再次,本书从劳动供给的角度提出了服务业发展改善了女性劳动市场表现的长期影响机制,即服务业发展会缩小性别教育差异,增加女性的人力资本投资,尽管这在短期内对女性在劳动市场的竞争中基本没有影响,然而长期性别教育差异的缩小会不断改善中国女性在劳动市场中的地位,会增加女性劳动参与率并缩小性别工资差异。

最后,本书探索导致中国劳动市场性别差异存在扩大趋势的其他影响因素,创造性地提出人口流动是中国劳动市场性别差异扩大的主要原因。本文结合当下中国的一个基本事实,即中国流动人口在不断上升并占据了很大的比例,从家庭视角分析了男性主导的人口流动对劳动参与率和劳动工资的性别差异影响,结果发现人口迁移显著扩大了中国已婚人群的劳动参与率性别差异和已婚人群的性别工资差异。而过往文献对中国劳动参与率性别差异的解释和对性别工资差异扩大的解释都是单独进行,很少有文献从一个统一的视角解释女性在劳动市场中的这两种表现。

二 本书的局限性

本书的局限性主要表现在两个方面:首先,本书采用大量的数据描述方法和计量经济学方法报告了中国劳动市场性别差异的基本事实,并研究了服务业发展对劳动市场性别差异的影响,实证分析了导致中国劳动市场性别差异扩大的原因,但全书缺乏对理论模型的创新,不能有效地将本书的理论基础和理论逻辑更好地展现出来。其次,本书采用了大量的微观数据分析研究中国劳动市场的性别差异问题,相关宏观数据相对缺乏,由此,本书只能从微观的角度刻画影响中国劳动市场性别差异的原因,但不能定量估计这些因素对中国劳动市场性别差异的影响程度和贡献大小。

第二章 产业结构转型与劳动市场性别差异：一个文献回顾

第一节 引言

本书研究中国产业结构转型过程中劳动市场性别差异之谜，研究在产业结构转型过程中中国劳动参与率与劳动工资的性别差异出现的新特点新情况，因此必须先研究产业结构转型带给经济体的一些宏观和微观经济影响，特别是对劳动市场的影响。中国出现了劳动市场性别差异的新特点新情况，因此需要对比研究劳动参与率和劳动工资的性别差异。因此，本章主要分为三个部分：第二节先对产业结构转型进行文献综述，主要介绍产业结构转型给经济体带来的经济发展、工资水平和劳动供给等方面的影响；第三节对劳动市场性别差异研究进行综述，从性别歧视、劳动供给和劳动需求三个方面总结劳动市场性别差异的影响因素；第四节总结本章。

第二节 产业结构转型：原因与影响

Herrendorf等（2013）对发达国家的时间序列数据总结发现，三大产业的收入份额和就业份额都遵循一个规律，即农业份额随着人均GDP的增加而逐渐下降，制造业份额随着人均GDP的增加先增加后下降，整体呈一个倒 U 形趋势，而服务业份额却随着人均 GDP 的增加一直增加。随后，这一规律扩大到发展中国家乃至贫穷国家，因其近几年的面板数据中也发现了三大产业的这种变化，这说明，这种规律不仅适用于发达国家，在很多发展中国家也能观察到。

事实上，最近几十年，包括中国在内的许多国家都经历了不同程度的经济结构转型。早期有大量经济文献对结构转型进行了事实描述，并提出了相应的解释（Stigler，1956；Kuznets，1957；Baumol，1967；Chenery and Syrquin，1975；Fuchs，1968；Kravis et al.，1984；Maddison，1987）。他们观察到这样一个经验事实，即服务业部门的就业份额不断上升，并指出农业、制造业和服务业三部门不同程度的技术进步和非一致性偏好是导致这一现象发生的主要原因。更一般地，Herrendof 等（2013）将结构转型发生的原因总结为三类：其一是在三部门相同技术进步的情况下，结构转型发生的经济机制来源于收入效应，即随着居民收入水平的提高，他们会倾向于消费更高层次的商品，从而导致部门之间的需求发生变动，最后导致结构转型（Kongsamut，2001）；其二是在三部门技术进步不同的情况下，推动经济结构转型的关键动力来自替代效应，即由于三部门商品之间的替代性较小，经济体会将更多的劳动力投入到技术进步最低的部门，从而导致部门之间劳动份额发生动态变化，最后导致结构转型（Ngai and Pissarides，2007）；其三是在相同技术进步的情况下，生产的不同资本密集度和消费的替代效应会联合推动经济结构转型（Acemoglu and Guerrieri，2008）。

产业结构转型给一国经济带来了巨大影响，因此产业结构转型的不同进程也能解释各国经济在很多方面的不同之处。第一，产业结构转型决定了经济发展的阶段性。Caselli（2005）和 Restuccia 等（2008）将各国生活水平的巨大差异归结为两个方面的简单事实：其一是发展中国家的农业部门的生产率水平远低于发达国家。其二是发展中国家将更多的劳动力投入到农业部门。这两个简单事实意味着要研究和理解发展中国家的贫困必须先研究资源在农业部门和其他部门之间的分配。Gollin 等（2002、2006）的工作解释了农业部门生产率低下是如何决定各国之间总

第二章 产业结构转型与劳动市场性别差异：一个文献回顾

生产率的巨大差异的。他们的结论认为：农业具有较低生产率并在农业部门运用现代技术的国家将投入更多的劳动力在农业生产上，这导致了其他部门劳动力和资本投入的低水平。在他们的模型中，现在观察到的农业部门的劳动份额差别能够解释国别之间总生产率的差异。

第二，产业结构转型能促进区域间的工资收敛。"二战"后，美国经济的一个动态变化特征是美国的工资在区域间不断收敛（Barro and Salai – Martin., 1992）。如果不考虑产业结构转型，这种区域间工资的收敛要么归结为区域 TFP 的收敛，要么归结为区域要素积累。Caselli and Coleman（2001）在一个多部门增长模型讨论了区域间工资收敛的动力，他们的解释更具有说服力。他们主要是为了解释美国南方和北方出现的区域工资的收敛恰好和区域间劳动份额差异的不断缩小吻合。他们的基本经济学分析如下：当美国经济还比较落后时，美国的劳动力大都束缚在农业部门，而在农业部门的劳动力工资是比较低的。南方在农业部门有比较优势，南方经济的农业份额更大。因为流动成本的存在，南方农业部门的工资要高于非农业部门。而因为南方经济的农业份额比北方大，所以北方的平均工资水平要比南方高。随着南方非农业部门的技术进步，南方农业部门劳动份额逐渐降低，另外流动成本也在不断下降，这两个因素导致了南方和北方工资的收敛。

第三，产业结构转型对工资不平等的影响。在过去的 50 年里，美国经济出现了一个非常显著的特征事实，即与技术回报相关的工资不平等逐渐上升。Buera 和 Kaboski（2012）认为这种技术回报的不断增加与产业结构转型带来的服务业发展是不可分的。他们发现美国服务业增加值份额与技术溢价存在显著的正相关关系。

第四，产业结构转型对劳动时间的影响。Rogerson（2008）认为结构转型模型能为工作时间的动态变化提供一个全新的解释视角。他比较了美国和五个欧洲大陆国家（比利时、法国、德国、意大利和荷兰）总体工作时间的动态变化。他发现在 1956 年，欧洲国家总体工作时间比美国要高 5%，而到了 2003 年，欧洲却远低于美国 30%。再研究部门内的工作时间的动态变化，他发现了一个很有趣的模式。在欧洲经济体的工作时间相比美国跌落 35% 的时期里，欧洲商品部门工作时间的相对水平大幅度减少，而服务部门工作时间的相对水平却无明显变化。人们很容易得出这样一个结论，即要理解欧洲工作时间的相对下降关键是要理解商品部门工作时间的相对下降。然而，当他们站在结构转型的视角探索部门工作时间的动态变化时，他们得到了完全相反的结论。特别地，在1956年欧洲的经济发展水平远落后于美国，并且欧洲商品部门的工作时间份额远大于美国商品部门的份额，但欧洲服务部门的份额却小于美国，这与他们前面的经验分析结果是一致的。到2000年，欧洲在生产率水平上基本能赶上美国，如果其他因素都一样，他们能预料到2000年欧洲各部门工作时间的分布应该与美国一致。结构转型的进程使他们认识到，当欧洲商品部门的工作时间相比美国下降时，欧洲服务部门的工作时间事实上应该是上升的。直接地，研究欧洲工作时间如此之少的问题就转化成研究欧洲服务部门的工作时间为什么不能像美国的服务部门一样增长。为了简化分析，Rogerson将农业和制造业归为一类，并且在生产函数里抽象掉资本的作用。Rogerson对基准模型做了两个改变：增加了劳动供给决策，允许家庭生产，并认为家庭生产能有效替代服务部门的产出。他的模型包含收入效应和价格效应，以产生结构转型。将生产率和劳动税收的变化外生给定，校准了偏好的参数以拟合美国经济1956—2003年发生的变化，包括家庭生产时间的变化。他还加入了欧洲1956年和2003年生产率和税收的数据以检测模型能否解释欧洲总劳动时间和部门劳动时间的能力。总体上，Rogerson认为这个模型能够很好地解释欧洲部门之间的劳动配置。Rogerson假设效用函数是非一致性的，并且还存在一个商品消费的最低生产额。这对于理解欧洲在1956年相对工作时间非常重要。那时，欧洲的税率要高于美国，然而他们的工作时间却多于美国。非一致性的作用类似于负收入效应，并且总生产率越低，这种效应越大。给定1956年欧洲的总生产率落后于美国，这种效应能够作用于增加欧洲的工作时间。除此之外，因为这个模型产生了结构转型，相比1956年的美国，欧洲将更多的劳动力投入到商品的生产中。因为基本不存在商品的非市场替代品，这种效应也能持续地增加市场的劳动时间。在相关的研究中，

Ngai 和 Pissarides（2008）将他们的早期结构转型模型加入了家庭生产部门。他们发现，随着时间的变化，加入了家庭生产部门的结构转型模型能够产生市场工作时间的一个浅 U 形曲线，这导致了家庭生产的市场化，即家庭生产时间挤出到服务的市场化生产。美国的数据很好地证明了这两点。市场时间开始阶段性降低是因为很多生产活动投入到服务业，而服务业能够被家庭生产代替。但随着时间的推移，市场化服务部门生产率相对于家庭生产率的提高，又会导致家庭部门的生产时间挤出到市场部门，这会导致市场工作时间的增加。

第三节 劳动市场性别差异：来源与改善原因

一 性别歧视

劳动力市场的性别歧视也可能会影响女性的工资和职业的选择，并进一步影响劳动力市场性别差异。性别歧视会以不同的方式出现。在 Becker（1957）的模型中，歧视源于雇用者、合作者和消费者的歧视偏好。Becker（1957）构建了一个男女在劳动市场能够完美替代的模型。他只是假设雇主由于偏见导致对女性的歧视，会导致雇主相比女性更愿意雇用男性。在均衡状态时，男性的工资大于女性，而男女工资的差异取决于歧视的系数，因此，不断缩小的性别工资差异被解释成是因为不断缩小的性别歧视。除此之外，Arrow（1972）、Phelps（1972）、Aigner 和 Cain（1977）发展了一个统计歧视的理论模型。他们认为，雇主尽管无法事前测量工人的生产率，但能通过对男女平均生产率的观察在选择工人时对女性产生歧视。在这一框架下，性别工资差异的不断缩小被解释成雇主对女性平均生产率估计的不断纠正。最后，性别歧视导致女性被排除于男性职业之外，会导致女性职业的过度供给，这会压低女性职业的工资，导致女性工资低于男性，如 Bergmann（1974）的过度拥挤模型描述的那样。

二 劳动供给方面

在劳动供给方面，劳动市场性别差异主要来自性别的生理差异，例如，女性在体力劳动上相比男性拥有绝对劣势，而这种生理差异会进一步影响性别之间人力资本的积累。人力资本模型基本分析了资历方面的性别差异（Mincer and Polachek，1974）。在传统家庭性别的劳动分工给定条件下，妇女倾向于比男性积累较少的劳动市场经验。另外，因为妇女的市场劳动生活更短且还是断断续续的，这导致她们投资于市场导向的正式教育和工作培训激励更少，进而会导致她们的收入一般低于男性。给定劳动时间一定，女性将时间花费在家庭劳动的越多，她们能投入到市场工作的时间就越少，这会减少她们的生产率，从而减少她们的工资（Becker，1985）。在某种程度上，妇女倾向于选择那些在职培训不很重要的职业，这会导致性别之间在职业上的选择差异。特别是，妇女倾向于避免特定企业中那些需要大量技能投资的工作，因为这些投资的回报只有在保持一直追随这个特定雇主的情况下才能实现。同时，雇主们可能并不愿意为这些工作雇用妇女，因为雇用这些妇女意味着企业需要承受这些具体的培训费用，他们害怕收不回这些投资带来的预期回报。

由于女性的劳动生产率远低于男性，女性在家庭分工上更倾向于先从事家庭劳动，即所谓的"男主外、女主内"，在家庭劳动完成后才有时间进行市场劳动，因此家庭劳动对女性的束缚会在很大程度上影响女性的劳动力社会供给，表现在劳动力市场上劳动参与率的性别差异上趋于弱势。因此，家庭生产的效率提高会解放女性，将女性从家庭生产中解脱出来。随着经济发展，家庭生产将变得更加有效率，也不再如此需要体力劳动参与。打开电炉比收集木炭在炉子里烧要省不少时间和体力，因此电的发明是减少家庭劳动的创新的一个例子。因为妇女主要集中从事家庭生产，因此家庭生产的进步会解放妇女，使妇女拥有更多的时间走向社会。Greenwood等（2005）利用这种机制建立了一个模型来解释20世纪以来美国女性劳动生产率的增加。在他们的校准中，不断缩小的性别工资差异只能解释女性劳动参与率提高的一个极小部分。家庭生产没有技术进步发生，妇女将仍然被拴在家庭中，因此，女性劳动参与率的历史性上升的原因主要是技术的发明和扩散，这种技术创新减少了一系列家庭劳动的时间，如取水、

第二章 产业结构转型与劳动市场性别差异：一个文献回顾

为家庭保暖拉煤等。中央供暖、电力和自来水都是相当显著的技术进步。美国黄金年龄段妇女的每周家庭劳动时间已经从1900年的47小时快速下降到2005年的29小时（Ramey，2009）。现在研究人员观测到的横截面国家数据与美国的时间趋势大体一致，即性别家庭劳动时间之比以及妇女的绝对家庭劳动时间都随着人均GDP上升而下降。Dinkelman（2011）发现后种族隔离时代南非的电气化增加了女性劳动参与率。她认为这是因为电气化减少了家庭生产的时间，例如，用电炉做饭比用炭炉做饭省时间。Coen-Piranti等（2010）进行了一个类似的分析以检验美国1960—1970年的变化，并发现家庭对电器的高拥有率与高劳动参与率相关。Meeks（2014）分析了吉尔吉斯斯坦村庄供水系统和合用水龙头的修建节省的时间，离水龙头近的家庭平均要节省三个小时的时间。同样，Devoto等（2012）的研究建立在对摩洛哥的分析上，他们发现家庭连接水管节省了大量的时间，人们利用额外的时间进行休闲活动，而不是工作，居民自我报告的幸福感也得到了明显提升。在这两个背景下，男性和女性共同承担取水的任务，因此对时间的节省是性别中性的。在很多发展中国家，取水的任务主要落在妇女身上，因此以上结果意味着基础设施的改善将更大程度地解放女性，促使女性走向工作岗位或享受更多的休闲时间。

女性的生理特征决定了女性需要承担生育和哺乳的任务，这会占用女性职业生涯大量的时间和精力，因此会挤占女性在市场劳动的参与程度和质量。因此，一些国家出现的低生育率就能解释女性在劳动力市场上的崛起，进而缩小劳动参与率和劳动工资的性别差异。富裕国家的低生育率可以帮助解释教育、健康和劳动市场不断缩小的性别差异。Miller（2010）研究了哥伦比亚20世纪六七十年代大规模家庭计划生育运动的施行，发现避孕措施的可及性会推迟女性怀孕的年龄，增加她们的受教育程度和她们的就业率。这个发现与Goldin和Katz（2002）的研究成果是一致的，他们发现口服避孕药改善了美国妇女的就业机会，使女性在法律和医药行业的从业成为可能，因为这些行业一般需要很多年的前期教育投资。

而在发展中国家生育小孩不仅非常常见，还非常危险。正因为这两方面的原因，全世界 99% 的产妇死亡都发生在发展中国家（世界卫生组织，2014）。Jayachandran 和 Lleras – Muney（2009）研究了斯里兰卡 20 世纪四五十年代由医疗进步和公共医疗体系进步带来的产妇死亡率的极度下降。产妇死亡风险的降低导致了女性预期寿命的增加。预期寿命的增加会增加女孩的教育收益率，因此，她们上学的意愿增加了。与这个假设一致，作者发现产妇死亡风险的降低会导致女孩升学率增加，并能解释这一时期性别教育差距缩小的 1/3。而教育投资的上升会增加女性的劳动参与。因此那些降低产妇死亡率和发病率的医疗进步会促进女性对劳动力市场的参与。Albanesi 和 Olivetti（2009）认为分娩并发症的减少（磺胺类药物、血库、规范产科护理和其他医疗进步的原因）改善了 20 世纪中期美国妇女产后工作的能力。在他们的模型校准中，医疗进步能够解释美国生育年龄的已婚妇女在 1920—1965 年劳动参与率的提高。他们认为第二个相关创新是婴儿用品，这些婴儿用品使保姆成为母亲在婴儿哺乳的接近替代者，从而提高了女性劳动参与率。

在一些发展中国家，对女性劳动力供给的限制不仅由女性的生理特征决定，这些国家的文化传统也会限制女性在劳动力市场上的参与程度。在很多发展中国家，对妇女和女孩安全和纯洁性的考虑限制了她们的流动性，而大量的市场化工作都需要一定的流动性，因此大大减少了妇女的就业机会，从而降低了妇女的劳动参与率。很难说这种限制流动性的做法有多少是真正出于对女性福利的考虑，以保护她们不被性骚扰或性侵犯。对别国数据中配偶偏好的研究发现，在印度、中国、印度尼西亚和伊朗，相比配偶的相貌，男性更在乎他们的配偶在结婚前有没有性经历，而欧洲 24 个国家，北美、南美以及撒哈拉沙漠以南的非洲国家却恰好相反（Buss，1989）。对女性流动性的限制经常是为了保护未婚女性的纯洁和已婚女性的忠诚，在任何情况下，这种限制都导致了女性接受教育和工作机会的减少。父母选择不去教育他们的女儿的一个重要原因是他们离学校太远。Burde 和 Linden（2013）评价了阿富汗修建学校的影响，他们发现一个学校坐落在村庄里能在很大程度上解释女孩的就学率。村庄学校的出现能潜在

第二章 产业结构转型与劳动市场性别差异：一个文献回顾

缩小在就学上的性别差异。Muralidharan 和 Prakash（2013）证实了在印度提供给女孩自行车去上学的项目显著地增加了女孩的学习参与。除了上学与学校的距离，父母还希望他们的女儿在学校与男同学和男老师隔离。Kim 等（1999）评价了巴基斯坦奎达城市的一个项目，这个项目资助建立私人学校以满足父母对女校的偏好。同样，性别隔绝学校厕所的建造增加了印度女孩的升学率（Adukia，2014）。设置有性别的社会隔离，具有相同性别老师的收益可能是特别大的。Muralidharan 和 Sheth（2013）也发现了单一性别老师对男孩和女孩考试成绩的影响。但是女孩将失去这种单一性别老师效益，因为在高年级只有少数几个女老师；性别的混搭能解释女孩升入高年级后考试成绩下降趋势的 10%—20%。另外一个考虑是，父母担心不能在女儿年轻时将她们嫁掉，因为男人看重女人的纯洁性，这会导致女孩过早辍学。Field 和 Ambrus（2008）估计结果表明，在孟加拉国平均女孩婚姻推迟一年将会增加额外的 0.22 年的学习。女性流动带来的风险——家族荣誉的客观风险和社会建构风险——可能能解释印度、中东、北非的低女性劳动参与率。印度种姓制度的一个原则是保护女性免受家庭外男人的"污染"，不允许妇女在家庭外工作是保持她们纯洁性的一种途径（Chen，1995）。因为这些限制主要适用于印度上层社会的女性，因此印度较低层级的女性经常拥有更加专业的灵活性和自主性（Field et al.，2010、2014；Luke and Munshi，2011）。

收入不平等也会影响家庭劳动供给，而考虑到男性在家庭中的支柱作用，一般来说，女性的劳动供给弹性要大于男性，因此收入不平等对劳动供给的影响主要作用于女性，而对男性影响不大，因此收入不平等会影响劳动参与率的性别差异。收入不平等会促进劳动供给，特别是女性的劳动供给增加，学者提出了三种假说以解释收入不平等的作用机制。其一是消费模拟假说。Bowles 和 Park（2005）利用 OECD 国家的跨国面板数据研究了收入不平等和劳动供给的关系。个人的效用不仅决定于绝对消费，还决定于相对消费，这里的相对消费指的是个人与其参照组消费水平相比较的一个水平。收入不平等程度增加会增加个人消费和参照组的平均消费水平，这会导致个人消费更多。而过多的消费就需要更多的收入进行支撑，因此个人会增加劳动供给、增加劳动时间。Bowles 和 Park（2005）在跨国面板数据的回归分析中也证实了收入不平等程度和劳动供给的正相关关系。Park（2005）从另一方面考察了不平等程度和劳动力供给的关系，他们研究分析了收入不平等程度和已婚妇女劳动参与的关系，结果发现已婚妇女参与劳动的概率负相关于丈夫的相对工资。当然这里的参照组考虑了人口和地理的特征，已婚妇女会将丈夫的工资和与之相似的其他已婚男人的工资相比较，而不是简单地与高于丈夫工资的已婚男人相比较。其二是合理工资努力假说。Akerlof 和 Yellen（1990）认为，个人工作的努力程度会部分取决于个人的工资和合理工资的比较。而工资的分布会决定合理工资的大小。如果工资分布发生改变，则合理工资也会发生改变，从而相对工资也会发生变化。相对工资发生变化的方向取决于个人在工资分布中的地位。Fehr 和 Schmidt（1999）证实了这种正相关关系，即个人选择的努力程度与相对工资正相关。其三是工资锦标赛假说。Lazear 和 Rosen（1981）认为一些公司（可以拓展到整个劳动市场）会组织一个工资锦标赛以解决信息不对称的问题。具体来讲，公司无法完美地观察到个人对工作的努力程度，公司仅能观察到个人工作的产出，而产出由努力和随机误差项决定。公司的目标是最大化所有员工的努力程度。如果公司工资制度采用计件工资，则高随机误差项的员工不需要投入很大的努力就可以获取和别人一样的工资。如果公司根据员工的相对产出采用固定工资制度，这个问题就可以迎刃而解。这种工资结构就是一个锦标赛，员工知道他们的工资取决于他们的相对产出，为了获取更多工资，他们又极力增加努力程度以增加产出。这种工资结构的不平等程度越大，员工提高相对产出水平的回报率就越大，因此工资不平等程度增加会增加员工的努力程度，从而增加劳动供给。这种机制也被一些经济学家所证实（Bell and Freeman, 2001; Kuhn and Lozano, 2008; Landers et al., 1996）。如果劳动时间可以表征工人的努力程度，则工人的劳动时间会随着相对工资（与他人比或与合理工资比）的改变而改变。Fehr 和 GÖchter（2000）证明了个人一般都会展现条件交互性。这意味着，相对工资的增加会导致个人增加劳动供给，相反相对工资降低会削减个人的劳动供给。当接受较高工资的劳动供给增加幅度大于接受较低工资的劳动供给减少幅度时，收入不平等就能解释劳动供给增加。

改革开放以来，中国的收入不平等程度在不断增加。单从国家统计局的数据来看，在过去十年的前五年里，中国的基尼系数都在上升，在2007年达到49.7%[①]。事实上，从整体趋势来看，在过去的三十年里，中国的收入不平等程度逐渐上升。如果中国的收入不平等是不断上升的，则会促进中国劳动供给，特别是促进女性劳动供给增加，从而会缩小劳动参与率的性别差异。因此，收入不平等不会是"性别差异之谜"的成因。

三 劳动需求方面

对劳动需求这方面的研究将国家或某个地区经济体对劳动力需求的改变视为外生变量，而这种劳动力需求的改变又可以分为三种，即偏向男性的、偏向中性的和偏向女性的。那些偏向女性的劳动力需求的改变会带来对女性劳动力需求的增加，从而缩小劳动力市场的性别差异。大量的经济文献从劳动力需求方面讨论了劳动力市场的性别差异（Reid，1934；Fuchs，1968；Lebergott，1993；Lee and Wolpin，2009；Galor and Weil，1996；Akbulut，2011；Rendall，2011；Buera et al.，2013；Rogerson，2005；Olivetti and Petrongolo，2012）。Galor 和 Weil（1996）构建了一个理论模型来解释这种现象。在模型中，他们假设只存在体力密集型工作和脑力密集型工作，资本会提高脑力密集型工作的相对收益。女性在脑力密集型工作中存在比较优势。资本积累会不断降低性别工资差异，这反过来会促进女性提高劳动参与率。另外，也存在一个正向的反馈机制，即女性的高工资会降低生育率——生育的机会成本增加，生育率下降会导致人口减少，促进资本劳动比增加，这又会降低性别工资差异。

[①] 有很多学者对国家统计局公布的收入不平等数据提出了质疑，他们认为国家统计局低估了中国的收入不平等。由西南财经大学教授甘犁主持、西南财经大学中国家庭金融调研中心发布统计报告称，2010年中国基尼系数为0.61，已跨入收入差距悬殊行列，财富分配非常不均；北京大学中国家庭动态跟踪调查显示，2012年中国基尼系数为0.49。

劳动力需求的改变可能来自某个地区某个职业需求的改变。例如，Qian（2008）研究了中国始于20世纪70年代末的经济改革，这次经济改革使得种植经济作物有利可图。她指出，妇女在采摘茶叶方面具有比较优势，因为茶叶是柔和易碎的，并生长在矮小的灌木上，而男性的身高和体力给予他们从树上采摘水果的优势。因此，她比较了经济改革对种植茶叶地区的影响和对种植果树林地区的影响，在种植茶叶地区女性劳动生产率得到了快速提高，而在种植果树林地区男性劳动生产率上升最多。她的研究结果表明，随着改革的进行体现女性比较优势的种植茶叶需求上升，女性地位会随着经济地位而提高，会进一步缩小性别差异。Jensen（2012）在印度也发现了类似的现象。他发现在印度等地方大量出现了一种对女性有利的新的工作，即外包业务（如电话中心等），并发现这种变动还提高了年轻女性的事业心，推动了她们参加电脑和英语培训班的学习，并且延缓了她们的结婚和生育年龄。同时，对于年青一代来说，BPO工作的前景还大大提高了升学率。

一个国家或地区经济体整个产业结构转型也会带来劳动力需求改变，并且这种改变是深层次且覆盖面广的。具体而言，男性在体力劳动上拥有绝对优势，这是由男女两性的自然性别特征差异决定的。这也决定了长期以来女性劳动生产率一直低于男性，从而决定了女性在劳动市场中的弱势地位。但随着产业结构转型的进行，女性相对劣势将会慢慢缩小。农业和制造业对劳动力的体力劳动要求较高，而相比之下，服务业对劳动力的脑力劳动要求较高。随着一个国家或地区经济的发展，该国或地区会发生产业结构转型，即从农业和制造业向服务业转型，导致服务业份额逐渐上升，逐渐成为该国或地区经济的主要产业。这种结构转型给女性带来了利好，因为农业和制造业一般都需要体力劳动，而服务业相比之下更需要脑力劳动，也就是说非服务业一般都是体力劳动密集型产业，而服务业是脑力劳动密集型产业。女性与男性相比，她们在体力劳动上存在先天不足，处于绝对劣势，但是在脑力劳动上，劣势并不明显，也即女性在脑力劳动上存在比较优势。而结构转型带来的服务业的发展会使女性充分发挥具有比较优势的脑力劳动，缩小性别之间的差异（Jayachandran，2014）。Rendall（2010）提出了来自美国的证据，并建立了一个一般均衡模型，在这个模型里，女性日益提高的劳动经验可以由劳动需求的改变解释。作者认为提高女性就业机会和工资收入的主要推动力来自远离体力密集型行业的劳动份额的提高。最后，Rendall（2010）定量估计导致性别工资差异缩小和女性劳动参与率上升的劳动需求改变的重要性。

更进一步地，Ngai 和 Petrongolo（2013）将这种远离体力密集型行业具体解释为服务业，他们认为女性体力劳动的绝对劣势会随着服务业的发展而逐渐削减，进而导致经济体对女性劳动力需求增加，产业结构转型对劳动力需求改变的力量与市场化的力量相结合会缩小劳动力市场所观察到的性别差异，即劳动参与率和劳动工资的性别差异。

第四节　本章总结

产业结构转型是近半个世纪以来世界各国和地区出现的一个主要经济现象，它表现为经济体各部门的非平衡增长。而各国的产业结构转型会带来各国经济体出现一系列新的经济现象，最主要的会表现在劳动市场上，会带来劳动需求结构的改变，进而会改变现有的劳动工资结构。单独研究劳动参与率性别差异和单独研究性别工资差异的文献在近一个世纪里不断涌现。这些文献从多个角度解释了各国经济体出现的劳动参与率性别差异和性别工资差异的变化趋势。尽管产业结构转型在近半个世纪里在世界各国不断演变，但很少有文献在产业结构转型的统一视角下同时研究各国出现的劳动市场上性别差异的新趋势。本章首先总结了产业结构转型带来的各种经济影响，然后在二、三节研究了影响劳动市场性别差异的多种因素，分别从性别歧视、劳动供给和劳动需求三个方面综述了劳动市场性别差异的研究文献。

第三章 "中国产业结构转型过程中劳动市场性别差异之谜"的提出

第一节 引言

产业结构转型是世界各国和地区，特别是西方发达国家的一个重要经济现象。与此同时，这些国家和地区在服务业发展良好、产业结构转型过程中，它们的劳动市场出现了一个新现象，即在劳动市场上性别间的差异在不断缩小，主要表现在劳动参与率和性别工资差异两个方面（Goldin，1994；Blau and Kahn，1992、1996、2006；Rendall，2010；Wellington，1993；Goldin，2014）。以美国和中国台湾地区为例，美国的女性劳动参与率从1950年的32%上升到2005年的71%，而男性劳动参与率在这半个世纪里基本保持不变，且性别工资之比从1980年的59%上升到2005年的77%（Rendall，2010）；中国台湾地区劳动参与率的性别差异从1978年的38.83%缩小到2012年的16.64%，性别工资比也从63.88%快速上升到2014年的84.61%。

中国在近30年里，产业结构转型不断升级，服务业份额也不断上升，中国劳动市场的性别差异也会出现和世界发达国家一样的情况吗？通过对中国劳动参与率历史数据的整理和对中国性别工资差异数据的整理研究发现，中国的劳动参与率性别差异和性别工资差异并没有出现和世界发达国家一样的特征和事实，而是呈现出中国独有的特征。

第二节 发达国家典型特征事实

一 劳动参与率性别差异

1. 来自美国20世纪的历史数据

20世纪是美国服务业迅速发展的一个世纪。截至2000年,美国服务业份额已经上升到75.37%。同时,美国服务业就业份额也上升明显,如表3-1所示,1900年美国服务业就业份额仅为36.28%,而到1990年这个数据上升到73.16%。美国服务业从1940年开始就已经成为吸纳劳动力的第一大产业,而后持续发展,到20世纪末,美国仅有1/4的就业人口在从事其他工作。

表3-1 美国主要部门的有偿工人或就业的分布(1900—1990年) 单位:%

年份	农业	林业与渔业	采矿业	建筑业	制造业	服务业
1900	38.83	0.35	2.57	6.07	14.63	36.28
1940	18.88	0.24	2.05	4.65	23.67	50.51
1950	12.29	0.22	1.64	6.13	25.73	53.99
1960	6.67	0.15	1.01	6.07	27.43	58.67
1970	3.55	0.13	0.80	5.78	25.24	64.5
1980	2.78	0.15	1.04	5.78	22.07	68.18
1990	2.51	0.15	0.62	6.15	17.43	73.16

注:1900年的数据是有偿工人(劳动力队伍中的人)的数据,还包括不报告的人群,服务业就业份额是运输业资料、贸易业、金融业和服务业等与公共管理就业份额的加总。1940—1990年的数据是就业数据,服务业就业份额是运输业、贸易业、金融业和服务业等与政府的加总。1990年的数据是10岁及以上的人的数据;1940—1970年的数据为14岁及以上的人的数据;1980—1990年的数据为16岁及以上的人的数据。1990年普查对有偿工人的活动是以职业而非行业进行登记的。

资料来源:《剑桥美国经济史》第三卷。

服务业发展主要表现在美国白领工人的增多,表3-2报告了1900—1990年美国劳动力的职业分布。笔者发现美国白领工人占总劳动力的比例从 1900 年的 17.6% 上升到 1990 年的 57.1%，从 1980 年开始，美国的白领工人就已经超越了其他工人。而在此阶段，由于科技水平的提高，美国农业不再需要大量的劳动力，这导致美国农业劳动力大量流入城市从事其他工作。而在整个 20 世纪，手工业及服务业工人所占比例基本保持不变。

表 3 – 2　　　　　美国 1900—1990 年劳动力的职业分布　　　　单位:%

年份 职业	1990	1980	1970	1960	1950	1940	1930	1920	1910	1900
白领工人	57.1	53.9	47.9	42.3	36.7	31.1	29.4	24.9	21.4	17.6
手工业及服务业工人	40.0	43.2	49.0	51.4	51.4	51.5	49.4	48.1	47.7	44.9
农业工人	2.9	2.9	3.1	6.3	11.9	17.4	21.2	27.0	30.9	37.5

资料来源:《剑桥美国经济史》第三卷。

在 20 世纪美国服务业飞速发展的同时，美国的女性劳动参与率也开始迅速上升，而男性劳动参与率基本保持不变。表 3 – 3 报告了美国 1890—1990 年分年龄分性别的劳动参与率。从表 3 – 3 可以看出，女性各个年龄段的劳动参与率都得到了提升，特别是 25—44 岁的女性，她们的劳动参与率从 1890 年的 15.1% 上升到 1990 年的 74.9%。女性劳动参与率的上升也促使就业人口中女性就业份额的上升，女性在 1890 年的就业份额仅为 17%，而到 1990 年这个数据已经达到 45%，几乎与男性平分秋色。而在此阶段，男性劳动参与率基本保持不变，在某些年龄段还有下降趋势，如 45 岁以上的男性的劳动参与率就一直表现为下降趋势。由此可知，20 世纪的美国在服务业飞速发展的同时，也经历了劳动参与率的性别差异不断缩小的现象，这导致美国的劳动力人群的女性比例从 1980 年的 17% 上升到 1990 年的 45%。

表 3-3　　美国 1890—1990 年分年龄分性别的劳动
参与率以及女性在劳动力中所占比例　　单位:%

年份	男性劳动参与率					女性劳动参与率					女性在劳动力中所占比例
	16—19岁	20—24岁	25—44岁	45—64岁	>64岁	16—19岁	20—24岁	25—44岁	45—64岁	>64岁	
当前人口调查（年度平均）												
1990	55.7	84.3	94.3	80.4	16.4	51.8	71.6	74.9	59.2	8.7	45
1980	62.0	87.0	95.5	82.2	19.1	53.3	69.2	65.5	50.9	8.1	42
1970	58.4	86.6	96.8	89.3	26.8	44.0	57.7	47.9	49.3	9.7	37
1960	59.4	90.2	97.7	92.0	33.1	39.4	46.2	39.9	44.3	10.8	33
十年一次的普查												
1970	47.2	80.9	94.3	87.2	24.8	34.9	56.1	47.5	47.8	10.0	37
1960	50.0	86.2	95.3	89.0	30.5	32.6	44.8	39.1	41.6	10.3	32
1950	51.7	81.9	93.3	88.2	41.4	31.1	42.9	33.3	28.8	7.8	28
1940	34.7	88.1	94.9	88.7	41.8	24.8	45.9	30.5	20.2	6.1	25
1930	40.1	88.8	95.8	91.0	54.0	22.8	41.8	24.6	18.0	7.3	22
1920	51.5	89.9	95.6	90.7	55.6	28.4	37.5	21.7	16.5	7.3	20
1910	N/A	N/A	N/A	N/A	N/A	N/A	N/A	N/A	N/A	N/A	N/A
1900	62.0	90.6	94.7	90.3	63.1	26.8	31.7	17.5	13.6	8.3	18
1890	50.0	90.9	96.0	92.0	68.3	24.5	30.2	15.1	12.1	7.6	17

注：16—19 岁的劳动参与率在当前人口普查中与十年一次的人口普查相比存在重复计算，特别是在 1940 年以前，许多年轻人既在业又在读。1910 年的数据与其他人口普查相比，重复计算了某些未接受报酬的企业和家庭内的劳动力。

资料来源：《剑桥美国经济史》第三卷。

表 3-4 报告了美国 1900—1990 年分性别白领工人占非农业劳动力比例。结果发现，相比男性，更多的女性选择成为白领。1990 年，非农业就业中，71.4% 的女性正在从事白领工作，而同时期的男性只有 48.1% 从事白领工作，而在 1900 年，情况完全不一样，主要表现在：首先，白领工作只是非农业劳动力工作中的很小一部分，甚至不到 1/3。其次，在 1900 年，白领工人中，占据大多数的还是男性。这

说明随着服务业的发展，对白领工人的需求越来越大，而女性在服务业上的相对优势导致更多女性从事白领工作。

表 3-4　美国 1900—1990 年分性别白领工人占非农业劳动力比例　单位:%

年份性别	1990	1980	1970	1960	1950	1940	1930	1920	1910	1900
男性	48.1	44.2	41.7	38.7	36.0	34.0	33.5	30.7	30.9	30.1
女性	71.4	66.4	61.8	57.4	54.7	46.8	48.3	44.9	31.0	22.0

资料来源：《剑桥美国经济史》第三卷。

2. 来自 OECD 国家 1990—2013 年的国别数据

本章用来分析世界各国的女性劳动参与率数据来源于世界发展指数数据库。世界发展指数数据库有三种指标来描述世界各国的女性劳动参与率：第一种是依照劳工组织估计的 15 岁以上女性的劳动参与率；第二种是国家估计的 15 岁以上女性的劳动参与率；第三种是依照劳工组织估计的 15—64 岁女性的劳动参与率。本章将劳动参与率定义为劳动适龄人群中参加经济活动人口比例，这里的劳动适龄定义为 15—64 岁，因此本章采用第三种劳动参与率的指标。当然与女性劳动参与率对称，世界发展指数数据库里面的男性劳动参与率指标与女性劳动参与率一样，也分为这三种。

表 3-5 报告了包括美国和英国等发达国家在内的世界主要发达国家的劳动参与率的性别差异。结果发现，20 多年里，世界主要发达国家劳动参与率的性别差异都在不断缩小，其中性别差异缩小最大的国家是西班牙，在 1990 年，西班牙劳动参与率的性别差异是 38.3%，到 2013 年，这一差异已经缩小到 11.6%，20 多年里，缩小了超过 26 个百分点。当然这 33 个 OECD 国家中也有一个国家的劳动参与率的性别差异并未缩小，即瑞典从 1990 年的 4.1% 扩大到 2013 年的 4.6%，但因为瑞典在劳动参与率上的性别差异本来就比较小，所以这是很小的波动。

表3-5　OECD国家劳动参与率性别比较（1990—2013年）　　　单位:%

国家	1990年 男性	1990年 女性	1990年 差异	2000年 男性	2000年 女性	2000年 差异	2013年 男性	2013年 女性	2013年 差异
澳大利亚	85.1	61.9	23.2	82.5	65.5	17	82.6	70.5	12.1
奥地利	80.1	55.3	24.8	79.8	61.7	18.1	81.5	70.6	10.9
比利时	71.6	46.4	25.2	73.8	56.6	17.2	72.5	62.1	10.4
加拿大	84.9	68.4	16.5	82	70.4	11.6	81.6	74.5	7.1
智利	80.9	35.2	45.7	79.4	39.3	40.1	79.6	55.3	24.3
捷克	79.6	63.1	16.5	79.5	63.7	15.8	80.4	64.9	15.5
丹麦	87.1	77.6	9.5	84.2	75.4	8.8	80.5	75.5	5
爱沙尼亚	82.8	75.1	7.7	75.3	64.9	10.4	78.9	71.9	7
芬兰	80.8	73.4	7.4	77.6	72.1	5.5	77.5	73.4	4.1
法国	75.6	57.7	17.9	75.1	62.3	12.8	75.3	66.6	8.7
德国	79	55.5	24.4	79.2	63.5	15.7	82.7	72	10.7
希腊	76.7	43.1	33.6	77.7	50.8	26.9	77.5	58.6	18.9
冰岛	87	76.5	10.5	89.9	83.3	6.6	86.5	82.3	4.2
爱尔兰	79.1	42.4	36.7	79.4	55.7	23.7	76.9	62.6	14.3
以色列	68.3	46.9	21.4	67	56.2	10.8	75.8	67	8.8
意大利	77	43.6	33.4	73.6	46.2	27.4	74.1	53.7	20.4
日本	82.8	57.1	25.7	85.3	59.5	25.8	84.6	65.1	19.5
韩国	75.2	49.7	25.5	75.9	52.2	23.7	76.1	55.5	20.6
卢森堡	77.4	42.4	25.5	76.4	51.7	23.7	75.1	62.2	20.6
荷兰	79.4	52.4	27	84	65.8	18.2	84.2	74.3	9.9
新西兰	83.5	63.3	20.2	83.1	67.2	15.9	83.4	72.6	10.8
挪威	82.6	69.8	12.8	84.4	75.9	8.5	80	75.8	4.2
波兰	77.6	63	14.6	70.5	58.9	11.6	73.9	60.3	13.6
葡萄牙	81.4	58.8	22.6	78.8	63.8	15	77.1	70.1	7
斯洛伐克	80.6	69.8	10.8	76.5	63.1	13.4	77.5	62.2	15.3
斯洛文尼亚	65.5	56.8	8.7	71.7	63.1	8.6	74.3	67.3	7
西班牙	79.9	41.6	38.3	79.2	52.1	27.1	79.9	68.3	11.6
瑞典	85.6	81.5	4.1	80.5	75.4	5.1	83.2	78.6	4.6
瑞士	90.9	67.8	23.1	89.3	71.7	17.6	88.5	78	10.5
英国	87.3	66.8	20.5	83.1	68.3	14.8	82.1	70.3	11.8
美国	84.4	67.1	17.3	82.7	69.9	12.8	77.3	66.1	11.2

资料来源：世界发展指数数据库。

二 性别工资差异

表3-6报告了美国1978—1998年各年龄段全职工人性别小时工资比。在这20年的时间里，美国各年龄段的性别工资比都在不断上升，尽管某些年龄段的某些时间内，性别工资比存在下降的趋势，但不可否认，从总体来看，美国的性别工资比在不断上升，性别工资差异不断缩小。其中上升幅度最大的是35—44岁的女性，从1978年的0.589上升到1998年的0.761，在这20年间上升了0.172。这一年龄段的女性基本完成教育和生育，同时身体状况也正处于人生的巅峰时期，是女性劳动力中的主要组成部分。上升幅度最小的是25—34岁这个年龄段的女性，仅上升0.032，基本与1978年持平。

性别工资差异的缩小并不仅仅发生在美国，在过去的几十年里，性别工资差异的缩小已成为世界发达国家劳动力市场上的一个重要特征事实。表3-7报告了大多数OECD国家20世纪80年代到20世纪末的平均周工资的性别比，除了瑞典的平均周工资性别比有微弱下降趋势以外，其他各国的性别工资比都在不断上升，这也说明了性别工资比的上升，即性别工资差异的不断缩小。这种情形不仅仅出现在服务业发展较快的美国，在其他服务业有了很大发展的国家，性别工资差异也在不断缩小。

表3-6　　　　美国分年龄全职工人性别小时工资比

年龄 \ 年份	1978	1988	1998
18—24岁	0.834	0.932	0.942
25—34岁	0.824	0.930	0.856
35—44岁	0.589	0.687	0.761
45—54岁	0.582	0.647	0.716
55—64岁	0.623	0.610	0.693

注：性别工资比描述为女性工资与男性工资之比，下同。
资料来源：摘自Blau and Kahn（2000）。

表3-7　　　　　各国全职工人平均周工资性别比

国家	1979—1981	1989—1990	1994—1998	总变化
澳大利亚	0.800	0.814	0.868	0.068
奥地利	0.649	0.674	0.692	0.043
比利时	N/A	0.840	0.901	N/A
加拿大	0.633	0.663	0.698	0.065
芬兰	0.734	0.764	0.799	0.065
法国	0.799	0.847	0.899	0.100
德国	0.717	0.737	0.755	0.038
爱尔兰	N/A	N/A	0.745	N/A
意大利	N/A	0.805	0.833	N/A
日本	0.587	0.590	0.636	0.049
荷兰	N/A	0.750	0.769	N/A
新西兰	0.734	0.759	0.814	0.080
西班牙	N/A	N/A	0.711	N/A
瑞典	0.838	0.788	0.835	-0.003
瑞士	N/A	0.736	0.752	N/A
英国	0.626	0.677	0.749	0.123
美国	0.625	0.706	0.763	0.138

注：各个国家的具体数据采集年份：澳大利亚：1979年、1989年、1998年；奥地利：1980年、1989年、1994年；比利时：1989年、1995年；加拿大：1981年、1988年和1990年的平均值，1994年；法国：1979年、1989年、1996年，德国：1984年、1989年、1995年；意大利：1989年、1996年；日本：1979年、1989年、1997年；荷兰：1990年、1995年；新西兰：1988年和1989年的平均值，1997年；瑞典：1978年和1980年的平均值，1989年、1996年；瑞士：1991年、1996年；英国：1979年、1989年、1998年；美国：1979年、1989年、1996年。

资料来源：摘自Blau和Kahn（2000）。

日本与中国都是受孔子思想影响极深的国家，地理位置上的相邻也使日本与中国有更多相似之处，特别是这两个国家的性别歧视文化在某种程度上相似，因此有必要研究和分析日本过去几十年里性别工资差异的变化。表3-8报告了邻国日本1962—1988年的性别工资比。从整体来看，四种工资性别比在这二三十年的时间里，都是在不断缩小：月收入性别比从1962年的0.481上升到1988年的0.572，有合同的正式员工的收入性别比也从1962年的0.521上升到1988年的0.605，特别收益和小时工资的性别比也同样有上升趋势。需要注意的是，性别工资比的上升不是一蹴而就、始终保持不变的,而是在某些年度略有下降,然后开始上升,反反复复波动,但整体趋势上仍然保持上升。

表 3-8　　日本的性别工资比（1962—1988 年）

年份	月收入	正式收入	特别收益	小时工资
1962	0.481	0.521		
1963	0.493	0.530		
1964	0.498	0.535		
1965	0.513	0.554	0.406	0.527
1966	0.512	0.552	0.417	0.529
1967	0.507	0.552	0.417	0.531
1968	0.504	0.553	0.410	0.526
1969	0.503	0.554	0.414	0.526
1970	0.515	0.561	0.437	0.537
1971	0.527	0.570	0.440	0.543
1972	0.531	0.570	0.449	0.551
1973	0.548	0.594	0.486	0.574
1974	0.564	0.598	0.497	0.582
1975	0.589	0.614	0.509	0.592
1976	0.557	0.588	0.477	0.569
1977	0.556	0.590	0.486	0.573
1978	0.557	0.590	0.492	0.575
1979	0.555	0.590	0.495	0.577
1980	0.553	0.589	0.487	0.576
1981	0.555	0.589	0.481	0.576
1982	0.553	0.586	0.481	0.572
1983	0.555	0.587	0.478	0.572
1984	0.553	0.586	0.479	0.574
1985	0.561	0.596	0.495	0.584
1986	0.566	0.597	0.489	0.581
1987	0.576	0.605	0.503	0.596
1988	0.572	0.605	0.505	0.603

资料来源：Horton（2002）。

前面报告的性别工资差异缩小的事实大都发生在20世纪中后期，但性别工资差异缩小在近20年里也一直发生。因为数据的限制，本书不能——报告出典型国家近20年里的性别差异的时间趋势。但大量的经济文献报告了近些年世界主要国家性别工资差异的缩小趋势（E.G., Goldin, 1990; Blau and Kahn, 1992、1996、2006; Wellington, 1993; Goldin, 2014）。以美国为例，性别工资之比从1980年的59.0%上升到2005年的77%，性别工资差异缩小趋势明显（Rendall, 2010）。

第三节 中国台湾地区劳动市场性别差异的历史数据

仅仅将中国劳动市场的性别差异与以美国为代表的发达国家对比远远不够，在某些方面，因为中国的文化、历史和经济与西方国家的不同，中国劳动市场的情况与这些发达国家是不具有可比性的。而中国台湾与大陆的很多相似点可以弥补这些方面的不足，因此本章有必要将中国台湾劳动市场性别差异的历史数据进行描述，以便后文对中国悖论的总结。

1989年中国台湾的服务业份额为52.25%，经过20多年的发展，截至2013年中国台湾的服务业份额增长到68.32%，服务业得到了稳定发展[①]。在服务业发展过程中，中国台湾劳动市场性别差异也在不断缩小。表3-9报告了1978—2012年中国台湾分性别的劳动参与率。结果发现，从1978年开始，中国台湾的男性劳动参与率在不断缩小，但女性劳动参与率在不断增加，劳动参与率的性别差异近30年也是不断缩小的，与发达国家的数据是一致的。需要重点注意的是，中国台湾劳动参与率性别差异的下降幅度达到22.19个百分点，也远远超过了大多数世界发达国家的水平。再来看中国台湾的性别工资差异。表

---

① 数据来源于中国统计年鉴中台湾省主要经济指标的描述。

3-10报告了1981—2014年中国台湾性别工资比的变化趋势。尽管在某些年份,性别工资比略微缩小,但整体来看,中国台湾的性别工资比都是在不断上升,性别工资差异不断缩小。综上所述,中国台湾地区在服务业发展、产业结构转型的同时,劳动市场性别差异也在缩小,与世界发达国家的变化趋势保持一致,并且其缩小幅度甚至超过了大多数OECD国家。

表3-9　　　中国台湾分性别劳动参与率（1978—2012年）　　　单位:%

年份	男性劳动参与率	女性劳动参与率	性别差异
1978	77.96	39.13	38.83
1979	77.95	39.23	38.72
1980	77.11	39.25	37.86
1981	76.78	38.76	38.02
1982	76.47	39.30	37.17
1983	76.36	42.12	34.24
1984	76.11	43.30	32.81
1985	75.47	43.46	32.01
1986	75.15	45.51	29.64
1987	75.24	46.54	28.70
1988	74.83	45.56	29.27
1989	74.84	45.35	29.49
1990	73.96	44.50	29.46
1991	73.80	44.39	29.41
1992	73.78	44.83	28.95
1993	72.67	44.89	27.78
1994	72.44	45.40	27.04
1995	72.03	45.34	26.69
1996	71.13	45.76	25.37
1997	71.09	45.64	25.45
1998	70.58	45.60	24.98
1999	69.93	46.03	23.90
2000	69.42	46.02	23.40
2001	68.47	46.10	22.37
2002	68.22	46.59	21.63
2003	67.69	47.14	20.55

续表

年份	男性劳动参与率	女性劳动参与率	性别差异
2004	67.78	47.71	20.07
2005	67.62	48.12	19.50
2006	67.35	48.68	18.67
2007	67.24	49.44	17.80
2008	67.09	49.67	17.42
2009	66.40	49.62	16.78
2010	66.51	49.89	16.62
2011	66.67	49.97	16.70
2012	66.83	50.19	16.64

注：此处的劳动参与率依然定义为15—64岁劳动年龄人口的劳动参与率。

资料来源：中国台湾统计咨询网，http://www.stat.gov.tw/mp.asp?mp=4。

表3-10　　　中国台湾性别工资比（1981—2014年）　　　单位：%

年份	性别工资比1	性别工资比2	年份	性别工资比1	性别工资比2
1981	64.15	63.88	1998	72.63	73.93
1982	63.95	63.40	1999	73.57	74.60
1983	64.28	63.98	2000	74.08	75.61
1984	64.73	64.62	2001	75.77	77.34
1985	63.49	64.03	2002	77.69	78.90
1986	65.13	65.56	2003	77.90	79.53
1987	66.15	66.43	2004	77.61	79.57
1988	66.17	66.47	2005	78.35	80.34
1989	66.03	66.11	2006	79.21	81.35
1990	66.69	66.96	2007	79.83	82.35
1991	66.18	67.20	2008	79.25	81.75
1992	66.35	67.00	2009	80.23	81.85
1993	66.84	67.34	2010	80.46	82.55
1994	—	—	2011	80.25	82.77
1995	69.99	70.51	2012	81.07	83.40
1996	71.00	71.33	2013	81.46	83.58
1997	72.11	72.46	2014	82.55	84.61

注：这里的性别工资比为女性工资除以男性工资得出的百分比，是工业和服务业的总体值。性别工资比1是通过每人每月薪资计算出来的，而性别工资比2是通过经常性薪资计算出来的。

资料来源：中国台湾统计咨询网，http://www.stat.gov.tw/mp.asp?mp=4。

第四节 "中国悖论"

一 中国的产业结构转型过程

改革开放以来,中国经济快速发展,经济以年均9.8%的速度持续增长,并且在2010年中国GDP总量达到58786亿美元,正式超过日本成为全球第二大经济体。而在经济增长的同时,中国的经济结构也发生了重大转变,中国的产业结构也逐渐在优化。2013年,中国第一产业收入份额为10.0%,第二产业收入份额为43.9%,第三产业收入份额为46.1%,而这三个数字在改革开放前的1978年分别是28.2%、47.9%和23.9%。第一产业下降趋势明显,而第二产业稳中有降,第三产业上升趋势明显,成为支撑国内生产总值的最大产业。同时,服务业成为吸纳就业的最大产业。(见图3-2)也就是说,中国经过30多年飞速发展,产业结构不断转型升级,服务业也得到了充分的发展,并逐渐取代制造业成为国内第一大产业。

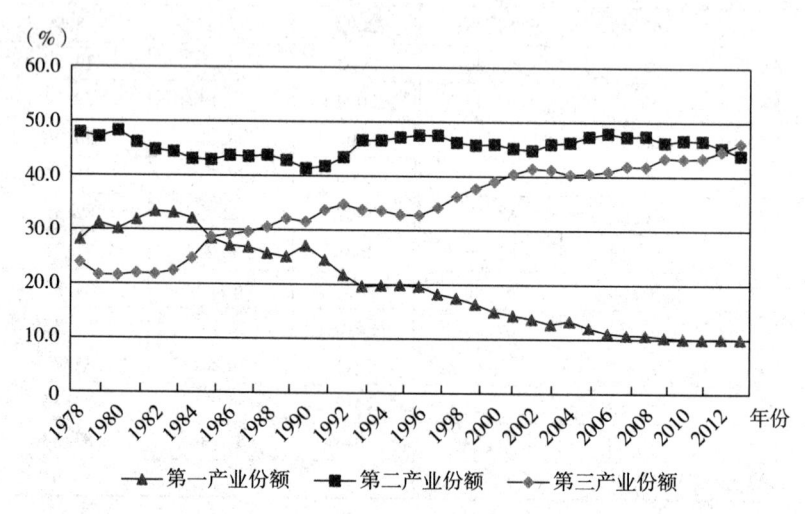

图3-1 中国第一、第二、第三产业收入份额(1978—2013年)

资料来源:国泰安数据库。

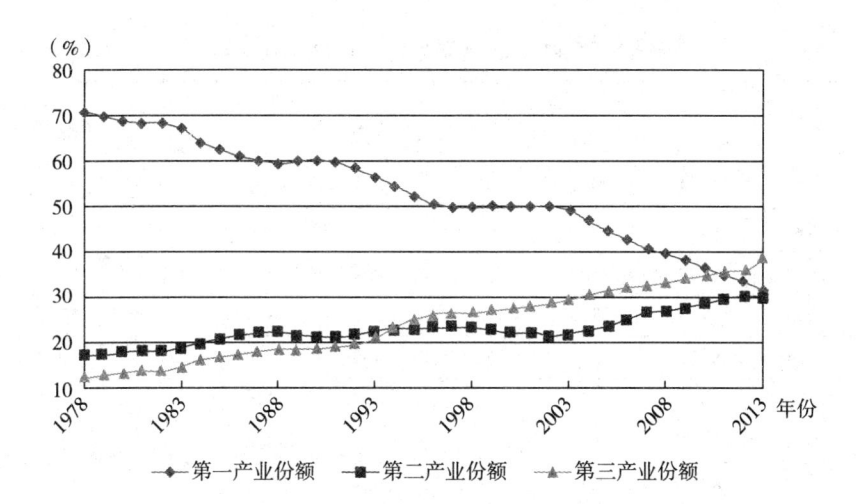

图 3-2 中国第一、第二、第三产业就业份额（1978—2013 年）

资料来源：国泰安数据库。

二 中国的劳动参与率性别差异

1. 中国劳动参与率的性别差异：全样本

本章采用三个数据库来研究中国整体劳动参与率的性别差异。其一是世界发展指数数据库（WDI 数据库）；其二是 1982—2010 年第四次人口普查数据；其三是 CHNS 数据库整理出来的中国分性别的劳动参与率。表 3-11 报告了 WDI 数据库整理的 1990—2013 年中国 15—64 岁劳动参与率的性别差异。结果发现，中国劳动参与率的性别差异在近 20 年里是不断扩大的，在 20 世纪的最后十年里上升接近 1 个百分点，但在 21 世纪扩大了 3 个百分点，性别差异扩大明显。表 3-12 报告了第四次人口普查数据计算的男性和女性劳动参与率的差异。结果发现，男性劳动参与率与女性劳动参与率都是不断下降的，其中女性劳动参与率下降尤为明显，下降幅度为 12.34 个百分点。1982—2010 年，中国劳动参与率的性别差异也略有上升趋势。

表 3－11　　中国劳动参与率的性别差异（1990—2013 年）　　　　单位：%

年份	男性劳动参与率	女性劳动参与率	性别差异	年份	男性劳动参与率	女性劳动参与率	性别差异
1990	88.9	79.1	9.8	2002	86.4	74.9	11.5
1991	88.9	79.0	9.9	2003	85.6	74	11.6
1992	89.0	78.9	10.1	2004	85.0	73.1	11.9
1993	89.0	78.8	10.2	2005	84.4	72.3	12.1
1994	89.1	78.7	10.4	2006	83.9	71.6	12.3
1995	89.1	78.5	10.6	2007	83.6	71.0	12.5
1996	89.0	78.3	10.7	2008	83.3	70.4	12.9
1997	88.8	78.0	10.8	2009	83.1	69.9	13.2
1998	88.5	77.6	10.9	2010	82.9	69.4	13.5
1999	88.1	77.1	11.0	2011	83.2	69.7	13.5
2000	87.7	76.7	11.0	2012	83.6	70.0	13.6
2001	87.1	75.8	11.3	2013	84.0	70.2	14.2

注：其中男性和女性的劳动参与率定义为 15—64 岁适龄人口的劳动参与率。

资料来源：世界发展指数数据库。

表 3－12　　　　中国劳动参与率的性别差异　　　　　　单位：%

年份	性别差异	男性劳动参与率	女性劳动参与率
1982	13.77	89.84	76.07
1990	12.01	85.03	73.02
2000	12.37	82.94	70.57
2010	14.43	78.16	63.73

注：1982 年的劳动参与率表示 15 岁及以上人口中的在业人数占比，1990 年的劳动参与率表示 15 岁及以上在业人数占比，2000 年的劳动参与率表示 15 岁及以上人口中经济活动人口占比，2010 年的劳动参与率表示 16 岁及以上人口中经济活动人口占比。

资料来源：1982 年、1990 年、2000 年和 2010 年四次人口普查数据。

表 3－13 报告了基于 CHNS 数据整理的中国劳动参与率的性别差异。需要说明的是，本章将 CHNS 问卷调查中凡是有工作，或是无工作但还在找工作的女性定义为劳动参与，当然我们考察的年龄段为

15—64 岁。如表 3-13 所示，中国女性劳动参与率下降明显，下降 27.5 个百分点。相对比，尽管男性劳动参与率也一直在下降，但与女性相比，男性劳动参与率下降趋势较缓，在 20 多年里，下降 11.2 个百分点。这导致了中国劳动参与率的性别差异呈一个不断上升的趋势，从 1989 年的 4.5% 上升到 2011 年的 20.8%，性别差异上升了 16.3 个百分点。

表 3-13　　　　　中国劳动参与率性别差异　　　单位：个、%

调查年份	女性 样本个数	女性 劳动参与率	男性 样本个数	男性 劳动参与率	劳动参与率性别差异
1989	5304	86.6	5291	91.1	4.5
1991	4996	80.1	5004	86.1	6.0
1993	4705	78.4	4729	86.8	8.4
1997	4990	75.6	5087	84.2	8.6
2000	5518	72.3	5646	81.6	9.3
2004	4469	60.3	4307	77.2	16.9
2006	4374	60.1	4073	78.2	18.1
2009	4365	60.7	4084	80.6	19.9
2011	5706	59.1	5084	79.9	20.8

资料来源：CHNS 数据。

2. 中国劳动参与率性别差异：分样本

更进一步地，本章还报告了分样本的中国劳动参与率的性别差异。考虑到 1990 年、2000 年和 2010 年三次人口普查数据的样本容量更大，本章将采用这三年的数据来研究分样本的中国劳动参与率的性别差异。之所以没用 1982 年的人口普查数据，是因为 1982 年的人口普查数据的统计口径与后三次人口普查数据存在很大的不同，并不能按照本章的标准进行有效的分类整理。

①分年龄段劳动参与率的性别差异

表 3-14 报告了中国分年龄段劳动参与率性别差异。结果发现，劳动参与率性别差异的扩大来自所有年龄段性别差异的扩大，其中

55—64岁性别差异扩大幅度最大，将近27个百分点，但这种扩大主要发生在1990—2000年，在2000—2010年还有缩小趋势。这可能与退休法在1990—2000年的严格执行有关，超过55岁的女性基本退休，而男性还可以在工作岗位上继续工作，这造成了该年龄段劳动参与率性别差异的扩大。15—24岁年龄段性别差异的扩大幅度也很大，上升幅度超过了6个百分点，且这个扩大幅度主要集中于2000年以后。这可能与女性受教育程度提高有很大关系，在20世纪，由于居民收入水平较低，再加上中国重男轻女思想的影响，相比男性，女性存在过早辍学务工的现象，并且女性很难获得更高的教育，在那个时代义务教育都很难满足的条件下，女性上高中和大学是很少的。而在21世纪，随着居民收入水平的提高，以及计划生育政策影响的体现，再加上义务教育的执行，女性受教育程度得到了显著提高，导致15—24岁女性劳动参与率下降明显。可以预见，女性受教育程度的提高，将会缩小日后劳动市场性别差异。再来看年龄段跨度最大的一组，即25—54岁，这一组人数最多，也代表了总体的劳动参与率性别差异。结果发现，25—54岁劳动参与率的性别差异是不断扩大的，且扩大趋势超过了4个百分点。中国劳动参与率性别差异的扩大在各个年龄段都普遍发生，女性教育程度的提高仅仅能解释15—24岁年龄段性别差异的扩大，但并不能解释其他年龄段的性别差异扩大。

表3-14　　　　　中国分年龄段劳动参与率性别差异　　　　单位:%

年份 \ 年龄	15—24岁	25—54岁	55—64岁
1990	-1.82	11.32	-4.22
2000	0.25	12.80	23.65
2010	4.49	15.63	22.77

资料来源：1990年、2000年和2010年人口普查数据。

②分城乡劳动参与率的性别差异

表3-15报告了分城乡劳动参与率的性别差异。城镇和乡村的劳

动参与率都有不同程度的下降,但城镇劳动参与率的下降幅度要远远大于乡村。这说明城镇化过程降低了中国整体的劳动参与率,在城镇化过程中不少居民退出劳动市场。本章重点关注的是性别差异,从表3-15可以看出,中国劳动参与率的性别差异扩大主要发生在城镇,乡村的性别差异并没有扩大。这说明中国劳动参与率的性别差异可能与中国的城镇化过程存在某种关系,在城镇化过程中,相比男性,更多的女性退出了劳动市场。

表3-15　　　　　分城乡劳动参与率的性别差异　　　　　单位:%

年份	差异		男性		女性	
	城镇	乡村	城镇	乡村	城镇	乡村
1990	14.12	11.31	79.1	87.4	64.98	76.09
2000	16.64	9.51	75.94	87.29	59.3	77.78
2010	17.56	11.16	73.06	83.37	55.5	72.21

资料来源:1990年、2000年和2010年人口普查数据。

③分地区劳动参与率的性别差异

表3-16报告了分地区劳动参与率的性别差异。各个地区各种劳动参与率都有不同程度的下降,劳动参与率的性别差异在各个地区都有不同程度的上升。其中东部扩大趋势最小,中部其次,西部下降幅度最大,并且这三个地区性别差异的扩大均发生在2000—2010年间,这一时期也是城镇化加剧、人口大规模流动的时期。

表3-16　　　　　分地区分性别的劳动参与率　　　　　单位:%

年份	差异			男性			女性		
	东	中	西	东	中	西	东	中	西
1990	14.18	13.55	7.43	85.03	85.51	84.60	70.85	71.96	77.17
2000	13.84	12.35	7.82	81.03	84.79	84.80	67.19	72.44	76.98
2010	15.56	15.56	11.26	78.62	77.60	78.04	63.06	62.04	66.78

资料来源:1990年、2000年、2010年人口普查数据。

通过对世界发展指数数据库、CHNS 数据库和四次中国人口普查数据的调查研究发现，中国劳动参与率的性别差异在近 20 年里呈现扩大趋势，特别是进入 21 世纪扩大趋势更为明显。需要特别强调的是，劳动参与率的性别差异扩大并不只是因为年轻女性受教育程度增加，从而在 15—24 岁阶段上学而没有进入劳动市场。通过描述性统计可以得出初步的结论，中国劳动参与率性别差异的扩大与城镇化存在一定的联系，即与城镇化过程中的人口流动存在一定联系，本书将在后面章节探讨这一联系，并分析城镇化过程中性别差异扩大的内在机理。

三 中国的性别工资差异

本章对性别工资差异的分析主要采用 CHNS 数据。CHNS 数据的收入变量包括第一职业月工资、奖金和第二职业月工资、奖金，并且 CHNS 数据库还报告了每周的工作小时，但是只有第一职业的月工资的缺失值较少，而其他变量的缺失值太多，使本章的样本大大减小，而接下来本章不仅要分年份，还要按照其他变量分组，因此这会导致每年每组的样本更少，因此，本章仅仅采用第一职业的月工资作为衡量性别之间的工资变量。此外，CHNS 数据收集了所有年龄的被访问者的月工资情况，本章仅仅考虑劳动适龄人群的性别工资差异，删去年龄小于 15 岁和大于 65 岁的被访问者数据，当然被删去的数据量小，并不影响本章的分析。

1. 中国性别工资差异：全样本

表 3-17 报告了中国 1989—2011 年的性别工资及性别工资比。特别需要说明的是，这里的月工资是当期价格衡量的。CHNS 数据覆盖中国十个省市，覆盖了中国 1/3 的地区，既包括城镇也包括农村，既有东部省市也有西部省市，可以代表中国的基本情况。就样本数来说，计算月工资的有效样本基本能保证每年 700 个以上，其中，2004 年的女性样本是最少的，但也有 789 个，而在 1989 年女性工资的有效样本达到 1627 个，对于男性样本而言，工资的有效样本数远大于女性，这可能是因为参加工作的男性远多于女性所致，男性有效样本最少的年份也是 2004 年，但也有 1136 个，最多的样本也是 1989 年，达到 2419 个。男性和女性的平均工资都是不断增加的，而性别工资差异却是来回波动的，性别工资比基本保持在 80% 左右。需要注意的是，2009 年女

性平均工资仅占男性平均工资的69.11%,是20多年来的最低值,这可能是因为2008年发生的国际金融危机,波及了中国的经济形势,导致中国经济增长放缓,甚至导致中国失业问题严重,中国国民的工资有所下降,而相比男性,女性在就业市场一直处于劣势,下降会更加明显,这导致性别工资比出现历史新低。

表3-17　　　　　　　中国性别工资差异

年份	女性月工资（元）	女性样本数（个）	男性月工资（元）	男性样本数（个）	性别工资比（%）
1989	95.66	1627	118.90	2419	80.46
1991	98.48	1372	128.99	1975	76.35
1993	155.04	1188	192.80	1748	80.41
1997	381.98	1235	490.03	1750	77.95
2000	529.24	1204	699.82	1875	75.62
2004	791.30	789	959.92	1136	82.43
2006	946.97	819	1297.56	1238	72.98
2009	1388.19	959	2088.74	1441	69.11
2011	2140.68	1585	2678.53	2139	79.92

注：性别工资比定义为女性工资占男性工资的百分数。

资料来源：CHNS数据。

整体来看,中国20多年的性别工资差异没有明显变化,1989年的性别工资比为80.46%,在2011年略有下降,为79.92%。这也就是说,中国的性别工资差异在20多年里基本没有变化,并没有表现出与世界发达国家一样的性别工资差异特征,即性别工资差异不断缩小,女性工资相对男性在不断提高。考虑到在这20多年间的性别工资比的波动性,即使去掉最大值和最小值,即2004年的82.43%和2009年的69.11%,也不影响本章的结论,即中国性别工资差异没有明显变化,更没有出现不断缩小的趋势,这与世界发达国家的情况是不一致的。

本章对性别工资差异的数据描述仅仅包含数据中含有男性和女性工资的数据,这就不可避免地造成了很多缺失值,这些缺失值由两部分组成：其一是有收入的被调查者由于各种原因，如收入太少，直接忽略没有报告；其二是很多适龄劳动人口没有从事工作，也就没有收入。这两种原因都会导致本文描述的性别工资差异跟实际情况不一致，导致有偏差。但可以预料，这种有偏差更可能会导致性别工资比高估，即相比男性，女性的工资被高估了，这是因为一般来说，低收入群体中女性比例较大，且没有就业的女性比例要远远高于男性。对于第二种估计偏差，Wei 和 Li（2014）利用国家统计局自 1989 年开始调查的中国城镇家庭调查数据克服了就业的选择偏误，研究了中国近 20 年的性别工资差异，结果证实了现有的描述性数据低估了中国的性别工资差异。实际上，劳动参与率性别差异在近 30 年不断扩大，也就是说中国实际的性别工资差异扩大趋势远远大于现在所观察到的。

2. 中国性别工资差异：分样本

①分城乡性别工资差异

表 3-18 报告了 1989—2011 年中国分城乡的性别工资比。在这些年份中，城镇性别工资比不断缩小，从 1989 年的 86.74% 下降到 83.83%，农村性别工资比也在缩小，从 1989 年的 76.37% 下降到 74.08%，两者下降的幅度基本一样，没有显著差异。另外需要注意的是，除了 1997 年和 2006 年，中国城镇性别工资比要远大于中国农村性别工资比，这说明在城镇性别工资差异要远小于农村，这也反映出中国农村的性别工资差异更加严重。

表 3-18　　　　　　　中国分城乡性别工资比　　　　　　单位：%

年份	城镇性别工资比	农村性别工资比
1989	86.74	76.37
1991	78.39	74.24
1993	80.83	78.55
1997	77.87	78.10
2000	77.20	72.42
2004	81.99	81.41

续表

年份	城镇性别工资比	农村性别工资比
2006	68.06	77.63
2009	78.36	60.00
2011	83.83	74.08

资料来源：CHNS 数据。

②分地区性别工资差异

表 3-19 报告了中国 1989—2011 年分地区的性别工资比。因为样本所限，本章并没有分东、中、西部，而是将中部和西部作为一个地区。具体而言，CHNS 数据的观察样本覆盖了中国 12 个省市，本章采用中国统计年鉴的分法，将北京、辽宁、上海、江苏和山东分为东部，将另外 7 省市，即黑龙江、河南、湖北、湖南、广西、贵州和重庆，分为中西部。结果发现，中国东部的性别工资比从 1989 年的 81.29% 上升到 2011 年的 83.09%，上升了约 2 个百分点；而中西部的性别工资比却从 1989 年的 79.96% 下降到 2011 年的 75.52%，下降了约 4 个百分点。这说明中国东部的性别工资差异略有缩小的趋势，而中西部的性别工资差异却有不断扩大的趋势。

表 3-19　　　　　中国分地区性别工资比　　　　　单位:%

年份	东部性别工资比	中西部性别工资比
1989	81.29	79.96
1991	75.49	77.08
1993	77.48	82.62
1997	76.75	78.63
2000	74.05	76.93
2004	77.41	86.92
2006	73.36	72.37
2009	64.42	72.79
2011	83.09	75.52

资料来源：CHNS 数据。

③分年龄性别工资差异

表3-20报告了中国1989—2011年分年龄段的性别工资比。本章将年龄在40岁以下的人群定义为年轻职业人,将年龄在40岁以上(包括40岁)的定义为年老职业人。结果发现,年轻职业人的性别工资比略有上升,从1989年的80.18%上升到2011年的81.31%;而年老职业人的性别工资比却下降明显,从1989年的80.89%下降到2011年的77.66%,这说明中国年老职业人的性别工资差异不断扩大。

表3-20　　　　　　　中国分年龄性别工资比　　　　　　单位:%

年份	年轻职业人性别工资比	年老职业人性别工资比
1989	80.18	80.89
1991	75.91	82.08
1993	81.31	81.48
1997	78.59	79.11
2000	74.66	75.13
2004	84.72	81.42
2006	75.24	74.42
2009	75.28	67.02
2011	81.31	77.66

资料来源:CHNS数据。

④分行业性别工资差异

CHNS数据还报告了被访者的具体职业,比如高级专业技术工作者(医生、教授、律师、建筑师、工程师等)、办公室一般工作人员(秘书、办事员)等。本章根据具体职业将被访问者的就业行业分为非服务业和服务业,即高级专业技术工作者,一般专业技术工作者,管理者、行政官员、经理,办公室一般工作人员,军官与警官,士兵与警察,司机,服务行业人员和运动员、演员和演奏员归为服务业,其他归为非服务业。表3-21报告了中国1989—2011年分行业的性别工资比。结果发现,不管是服务业还是非服务业,性别工资比都有下降趋势，但是非服务业的下降幅度远大于服务业，非服务业的性别工资比从1989年的77.93%下降到2011年的68.45%，下降了约10个百分点，而服务业的性别工资比仅下降了约4个百分点，这也说明中国性别工资差异在非服务业更加严重。

表3-21　　　　　　　中国分行业性别工资比　　　　　　　单位:%

年份	非服务业性别工资比	服务业性别工资比
1989	77.93	85.11
1991	96.67	76.56
1993	84.91	75.74
1997	80.75	75.39
2000	81.86	70.95
2004	83.76	79.61
2006	76.55	69.72
2009	61.15	69.66
2011	68.45	81.37

资料来源：CHNS数据。

⑤分教育程度性别工资差异

表3-22报告了中国1989—2011年分教育程度的性别工资比。需要注意的是，本章将初中以下学历（包括初中）定义为低教育程度，将初中以上学历的人群定义为高教育程度。从表中可以看出，自从1991年以后，高教育程度的性别工资比就一直高于低教育程度的性别工资比。更重要的是，尽管两组性别工资比在20多年里有升有降、波动不断，但总体而言，低教育程度的性别工资比呈下降趋势，而高教育程度的性别工资比呈上升趋势，这说明低教育程度的性别工资差异在不断扩大，中国的性别工资差异在低教育程度人群中更为严重。也就是说，通过提高女性受教育程度是可以提高性别工资比、缩小性别工资差异的。

表 3-22　　　　　　　中国分教育程度性别工资比　　　　　单位:%

年份	低学历者性别工资比	高学历者性别工资比
1989	81.06	79.25
1991	73.81	82.34
1993	77.87	86.02
1997	73.59	84.50
2000	73.34	76.57
2004	67.18	91.64
2006	71.76	73.38
2009	61.94	71.24
2011	66.63	84.94

资料来源：CHNS 数据。

⑥分国有和非国有部门性别工资差异

CHNS 数据还报告了被访问者的工作单位的性质，比如国有企业等。本章将政府机关、国有事业单位和研究所、国有企业分为国有部门，将其他单位统一划分为非国有部门。表3-23 报告了中国1989—2011年国有部门和非国有部门性别工资比。除1993年外，国有部门的性别工资比都要远远大于非国有企业的性别工资比，其中，2004年国有部门的性别工资比达到90.50%，而同期非国有部门的性别工资比仅为75.13%，国有部门的性别工资比比非国有部门要高15个百分点之多。最重要的是，综观这20多年，中国国有部门的性别工资比整体呈上升趋势，性别工资差异不断缩小，而在非国有部门，性别工资比却不断扩大，性别工资差异也不断扩大。因为这一事实，一些学者将中国性别差异的扩大归结为市场化改革，在后面章节，本书将对市场化改革影响性别差异进行深入的研究和分析。

表3-23　　中国国有部门和非国有部门性别工资比　　单位:%

年份	非国有部门性别工资比	国有部门性别工资比
1989	79.38	82.40
1991	71.80	79.46
1993	83.07	82.04
1997	72.02	81.36
2000	71.72	78.04
2004	75.13	90.50
2006	67.39	80.86
2009	61.51	79.33
2011	72.26	90.68

资料来源：CHNS数据。

第五节　本章总结

世界发达国家和中国台湾地区在产业结构转型的背景下经历了劳动参与率和劳动工资的性别差异双下降的双重事实，这些国家和地区的劳动市场的性别差异在近半个世纪里不断缩小。而中国在近30年的发展中，自改革开放以来，中国产业结构转型也经历了一定程度的发展，服务业份额也在近30年里得到了有效提高。但是在中国的产业结构转型过程中，中国的劳动参与率的性别差异和性别工资差异不仅没有发生收缩，还有小幅扩大的趋势。本章通过对各种数据库的研究，仔细描述了世界其他国家和地区与中国劳动市场劳动参与率及劳动工资的性别差异在近30年的变化趋势。具体来看，结论有以下几点。

首先，对所有OECD国家近20年劳动参与率的历史数据研究发现，除了一两个国家在这些年里劳动参与率的性别差异存在小幅下降或中间年份存在小幅波动外，其他30多个国家的男性和女性的劳动参与率差异都是不断缩小的，其中性别差异缩小最大的国家是西班牙。在1990年，西班牙劳动参与率的性别差异是38.3%，到2013年，这一差异已经缩小到11.6%，在这20多年里，缩小了26.7个百分点。而对美国20世纪的历史数据研究发现，在整个20世纪的100年里，美国的女性劳动参与率是不断上升的，而男性劳动参与率基本持平，这促使美国劳动力的女性份额从1890年的17%上升到1990年的45%，在劳动参与上，美国的性别差异在20世纪里有了很大的改观。对中国台湾地区劳动参与率性别差异数据的整理也发现了这一事实。反观中国的劳动市场，结果发现，自改革开放以来，中国劳动参与率的性别差异并没有逐渐缩小，反而还有小幅上扬的趋势。这与世界其他国家和地区的情况是矛盾的。

其次，从性别工资差异来看，世界发达国家的性别工资差异也在不断缩小。Blau和Kahn（2002）考察了OECD国家的性别工资差异，他们发现从20世纪70年代末到20世纪末，基本所有的OECD国家的性别工资差异都发生了缩小的现象。以美国为例，性别工资之比从1980年的59%上升到2005年的77%（Rendall，2010）。除此之外，大量的文献研究发现世界发达国家出现的性别工资差异不断缩小的典型事实（E.G.，Goldin，1990；Blau and Kahn，1992、1996、2006；Wellington，1993；Goldin，2014）。最重要的是，与中国大陆相似的中国台湾地区也出现了显著的性别工资差异缩小的现象。而反观中国近30年的性别工资差异，却发现了完全不一样的现象：从整体来看，性别工资比略有下降，即性别工资差异略有扩大趋势，但并不明显，且中间出现反复波动。

综上所述，中国虽然在近30年里产业结构转型快速升级，服务业也在不断发展，但中国不仅没有出现劳动参与率性别差异缩小和性别工资差异不断缩小的趋势，反而出现了中国劳动参与率性别差异小幅上扬和性别工资差异反复波动的双重事实，这构成了中国所独有的现象，亦即本书提出的"中国产业结构转型过程中劳动市场性别差异之谜"。更具体地说，"性别差异之谜"主要包括两个方面的内容：其一是世界其他国家和地区的产业结构转型都带来了他们国家或者当地劳动市场性别差异的缩小，而中国产业结构转型并没有带来中国劳动市场性别差异的缩小；其二是中国劳动市场性别差异不仅没有缩小，反而还有扩大趋势。本书后面几章就针对中国这一特有的现象进行探求。

第四章 产业结构转型与中国劳动市场性别差异：需求方面

第一节 引言

对世界主要国家和地区的研究发现，产业结构转型带来的服务业的发展会促进女性劳动参与率上升，并缩小性别工资差异，这主要是因为服务业与传统的农业和制造业相比对体力劳动要求较低，而对脑力劳动要求较高，女性与男性相比在脑力劳动方面具有比较优势，这种偏向女性的产业结构转型会带来经济体对女性劳动需求的增加，从而促进女性劳动参与率提高和性别工资差异缩小。但对中国的女性劳动参与率和性别工资差异的研究发现，尽管中国在近30年里，服务业也经历了较快的发展，但中国在这方面却出现了另外一种情形：1982年，中国劳动参与率的性别差异为13.77%，但到2010年中国劳动参与率的性别差异为14.43%，差异不仅没有缩小，反而有所扩大；通过对1989—2011年CHNS数据的整理，笔者发现中国的性别工资差异也没有缩小。

中国没有出现与世界主要国家和地区相似的劳动市场女性的崛起，并不能说明中国的产业结构转型对于女性在劳动市场上的崛起没有帮助。女性在劳动市场上的表现是由很多因素决定的，特别是对于处于转型时期的中国经济而言，影响女性在劳动市场上表现的因素也在不断改变。这就存在几种可能：其一，中国的产业结构转型对女性在劳动市场上的表现没有帮助，因此中国劳动市场性别差异具有中国独有的变化趋势；其二，中国的产业结构转型能够改善女性在劳动市场的表现，但由于中国服务业发展的自身问题，导致这种帮助有限，无法改变中国女性劳动参与率和性别工资差异变化的大趋势。因此，本章有必要分离出产业结构转型对中国劳动参与率性别差异的影响和对性别工资差异的影响。所以，本章的目标就是分析研究服务业发展是否能促进女性劳动参与率的提高，并缩小性别工资差异。本章还结合中国服务业发展的自身特点，研究现阶段中国服务业发展为何无力改变劳动力市场性别差异并未缩小的趋势。

第二节 文献综述与核心假说

影响劳动市场性别差异的因素可以分为三个方面：其一，性别歧视方面。劳动市场的性别歧视会影响女性的工资和职业的选择，进而影响劳动市场上的性别差异（Becker, 1957; Arrow, 1972; Phelps, 1972; Aigner and Cain, 1977; Bergmann, 1974）。其二，劳动供给方面。人力资本模型基本分析了资历方面的性别差异（Mincer and Polachek, 1974）。在传统家庭性别的劳动分工给定条件下，妇女倾向于比男性积累较少的劳动市场经验。另外，因为妇女的市场劳动生活更短且还是断断续续的，导致了她们投资于市场导向的正式教育和工作培训激励更少，进而导致她们的收入一般低于男性。给定劳动时间一定，女性花费在家庭劳动上的时间越多，能投入到市场工作的时间就越少，这会降低她们的生产率，从而减少她们的工资（Becker, 1985）。除此之外，家庭劳动、生育和生育风险以及文化因素都会影响女性劳动供给的质和量，进而导致劳动力市场的性别差异（Greenwood et al., 2005; Ramey, 2009; Miller, 2010; Devoto et al., 2012; Goldin and Katz, 2002; Jayachandran and Lleras - Muney, 2009; Field et al., 2010、2014; Luke and Munshi, 2011）。其三，劳动需求方面。本章也是从这个方面探求产业结构转型对中国劳动市场性别差异的影响。即将国家或某个地区经济体对劳动力需求的改变视为外生变量，而这种劳动需求的改变又可以分为三种，即偏向男性的、偏向中性的和偏向女性的。那些偏向女性的劳动需求的改变会带来对女性劳动需求的增加，从而缩小劳动市场的性别差异。大量的经济文献从劳动力需求方面讨论了劳动力市场的性别差异（Reid, 1934；Fuchs, 1968；Lebergott, 1993；Lee and Wolpin, 2009；Galor and Weil, 1996；Akbulut, 2011；Rendall, 2011；Buera et al., 2013；Rogerson, 2005；Olivetti and Petrongolo, 2012）。

劳动需求的改变可能来自某个地区、某个细分行业需求的改变。例如，Qian（2008）研究了中国始于20世纪70年代末的经济改革，这次经济改革使得种植经济作物有利可图。她指出，妇女在采摘茶叶方面具有比较优势，因为茶叶是柔和易碎的，并生长在矮小的灌木上，而男性的身高和体力给予他们从树上采摘水果的优势。因此，她比较了经济改革对种植茶叶地区的影响和对种植果树地区的影响，在种植茶叶地区女性劳动生产率得到了快速提高，而在种植果树地区男性劳动生产率上升最多。她的研究结果表明，随着改革的进行体现女性比较优势的种植茶叶需求上升，女性地位会随着经济地位的提高而提高，会进一步缩小性别差异。Jensen（2012）在印度也发现了类似的现象。他发现在印度等地方大量出现了一种对女性有利的新的工作，即外包业务（如电话中心等），并发现这种变动还提高了年轻女性的事业心，推动了她们参加电脑和英语培训班的学习，并且延缓了她们的结婚和生育年龄。同时，对于年青一代来说，BPO工作的前景还大大提高了升学率。

一个国家或地区经济体整个产业结构转型也会带来劳动需求改变，并且这种改变是深层次且覆盖面广的。具体而言，男性在体力劳动上拥有绝对优势，这是由男女两性的自然性别特征差异决定的，这也决定了长期以来女性劳动生产率一直低于男性，从而决定了女性在劳动市场中的弱势地位。但随着产业结构转型，女性相对劣势将会慢慢减弱。农业和制造业对劳动力的体力劳动要求较高，相比之下，服务业对劳动力的脑力劳动要求较高。随着一个国家或地区的经济发展，该国或地区会发生产业结构转型，即从农业和制造业向服务业转型，导致服务业份额逐渐上升，逐渐成为该国或地区经济的主要产业。这种结构转型给女性带来了利好，因为农业和制造业一般都需要体力劳动，而服务业相比之下需要脑力劳动，也就是说非服务业一般都是体力劳动密集型产业，而服务业是脑力劳动密集型产业。女性与男性相比，她们在体力劳动上存在先天不足，处于绝对劣势，但是在脑力劳动上，相比于体力劳动，劣势并不明显，也即女性在脑力劳动上存在比较优势。而结构转型带来的服务业的发展会使女性充分发挥具有比较优势的脑力劳动，缩小性别之间的差异（Jayachandran，2014）。Rendall（2010）提出了来自美国的证据，并建立了一个一般均衡模型，在这个模型里，女性日益提高的劳动经验可以由劳动需求的改变解释。笔者认为提高女性就业机会和工资收入的主要推动力来自远离体力密集型行业的劳动份额的提高。最后，Rendall（2010）定量估计导致性别工资差异缩小和女性劳动参与率上升的劳动需求改变的重要性。

更进一步，Ngai 和 Petrongolo（2013）将这种远离体力密集型行业具体解释为服务业，他们认为女性体力劳动的绝对劣势会随着服务业的发展而逐渐削减，进而导致经济体对女性劳动力需求增加，产业结构转型对劳动力需求改变的力量与市场化的力量相结合会缩小劳动力市场所观察到的性别差异，即劳动参与率和劳动工资的性别差异。更为重要的是，相比以往的文献只能单独解释劳动参与率的性别差异［在 Ngai 和 Petrongolo（2013）表现为劳动时间］或者性别工资差异，他们的理论模型能够在同一框架下解释劳动市场的这两种性别差异的缩小趋势。

中国自改革开放以来，服务业快速发展，1978 年，中国服务业收入份额仅为 23.9%；截至 2013 年，中国服务业收入份额已经上升到 46.1%，增加了 20 多个百分点。因此，基于中国产业结构转型成就和以上研究，本章提出的核心假说，即产业结构转型主要体现为偏向女性的服务业的发展，将缩小中国劳动力市场性别差异。

第三节　数据、变量和模型

本章共使用两种数据来研究女性劳动参与率和性别工资差异。第一种取自中国健康与营养调查数据库（CHNS），其数据的时间跨度为

1989—2011 年，是一个长面板数的微观数据。第二种是 2005 年全国 1% 人口抽样调查数据，是一个总样本达到 250 万左右的横截面微观数据。因为这两种数据既有女性的工作参与情况又有调查个体的工资情况，因此可以用来研究服务业份额提升对女性劳动参与率和性别工资差异的影响。

基于前文已经介绍过 CHNS 数据，在这里，本章只简短介绍 2005 年全国 1% 人口抽样调查数据。2005 年 1% 人口抽样调查的每个省市按照国家统计局分配的样本数量和调查原则，组织实施抽样调查。实际调查样本大约占全国人口的 1.31%。国家统计局从这些调查样本（约 1698.6 万人）中，按照简单随机抽样的方法抽取 1/5 的样本提供给研究机构。本章使用 2005 年抽样调查数据的观测样本约为 258 万人。2005 年的 1% 人口抽样调查数据包括两个部分，即家庭数据和个人数据。家庭数据包括了家庭地址、户别、家庭住房情况等数据；个人数据包括了与户主关系、性别、年龄、上学和受教育水平等人口特征变量，是否工作、工作职业和工资等工作变量。鉴于 2005 年的 1% 人口抽样调查数据对个人工作情况的详细说明以及其横截面样本量巨大的特点，本章以此数据来研究中国劳动参与率的性别差异和性别工资差异这两个问题，能充分反映中国的基本情况。

本章的核心被解释变量有两个，其一是衡量被调查者劳动参与程度的变量，该变量是一个虚拟变量，根据劳动参与率的定义，在 CHNS 数据中，当被调查者有工作或者正在寻找工作，该变量取值为 1，否则为 0；在 2005 年的全国 1% 人口抽样调查数据里，有两个调查问题，第一个问题是询问被访者上周的工作情况，第二个问题是询问被访者最近三个月有没有寻找工作。本章采用这两个问题的调查结果来定义劳动参与变量，若被访者在上周未做任何工作，且在三个月内没有找过工作，则将劳动参与变量赋值为 0，否则赋值为 1。其二是衡量被调查者劳动工资的变量，本章将被调查者上个月的工资取对数作为工资变量。

本章的核心解释变量有两个，一是表示性别的男性虚拟变量，该变量在回归中可以衡量劳动力市场的性别差异；二是服务业份额变量，该变量是一个连续变量，既会影响劳动市场被调查者的劳动参与和劳动工资，也会影响劳动力市场的性别差异。当然后一种影响需要采用男性虚拟变量和服务业份额的交互项来衡量。

本章主要利用交互项的方法来研究服务业发展对性别工资差异的影响。假设劳动参与率或劳动工资的回归方程为：$Y = \beta_0 + \beta_1 male + \beta X + u$。其中 Y 表示被解释变量，即劳动参与变量和劳动工资变量，male 表示男性虚拟变量，X 代表个人的禀赋特征向量，如年龄、教育程度和工作类型等。为了考虑地区服务业的发展对性别工资差异的影响，还可以在以上回归方程里加入男性虚拟变量和服务业份额的交互项，此项系数表示的是当控制了其他变量后，不同服务业发展水平的性别差异。加入交互项后的工资回归方程变为：$Y = \beta_0 + \beta_1 male + \beta_2 male \times ser + \beta X + u$。这里 ser 代表当地的服务业份额，male × ser 表示男性虚拟变量和服务业份额的相乘生成的交互项。此时交互项系数 β_3 表示不同服务业发展水平下的性别工资差异，可以用 t 检验看其是否显著。如果该系数为负则表明服务业份额提高会削弱劳动市场的性别差异。为了考虑地区人均收入水平对性别工资差异的影响，还可以在回归中放入男性虚拟变量和人均收入对数的交互项。需要注意的是，本章使用的两个数据均是微观大样本数据，因此本章采用劳动参与为解释变量。另外，需要注意的是这个变量是一个虚拟变量，需要采用 LOGIT 模型。特别需要强调的是，由于这两个数据的横截面样本太大，本章将采用面板数据随机效应模型。事实上，豪斯曼检验的结果也支持本章的选择。

第四节　实证分析结果

一　产业结构转型对劳动参与率的性别差异的影响

表4-1报告了基于 CHNS 数据研究的产业结构转型对劳动参与率的性别差异的影响。第（3）列和第（4）列与前两列的区别在于加入了男性虚拟变量和人均 GDP 对数，以此来衡量收入水平对劳动参与率性别差异的影响。第（2）列和第（4）列与另两列的区别在于，这两列控制了时间效应。男性虚拟变量的系数为正，这表明中国

男性劳动参与率要高于女性。服务业份额变量的系数为正，这表明产业结构转型升级能够增加中国的劳动参与率，进而扩大中国的潜在劳动供给。男性虚拟变量和服务业份额的交互项系数为负，这表明服务业份额增加可以缩减中国劳动参与率的性别差异。但需要重点说明的是，该交互项的系数并不显著，这表明中国产业结构转型对中国劳动参与率性别差异的缩小机制并不显著。再来看人均 GDP 对数，这个变量的系数为负，且在 1% 水平下显著，这说明居民收入水平的增加会抑制中国的劳动参与率。另外，男性虚拟变量和地区人均 GDP 对数的系数为负，但 t 值太小，远低于男性虚拟变量和服务业份额的交互项系数，这表明中国收入水平的提高对劳动参与率的性别差异影响很小，也远远小于服务业份额对劳动参与率性别差异的影响。再来看其他控制变量，城镇居民的劳动参与率要远远低于农村居民；年龄对劳动参与率的影响呈现 U 形，即居民劳动参与率先随着年龄的增加而增加，到一定年龄后，再随着年龄的增加而降低；教育水平的提高可以显著提高居民的劳动参与率；婚姻状况对劳动参与率的影响并不显著。

表 4-1　产业结构转型对劳动参与率性别差异的影响：基于 CHNS 数据的研究

解释变量	被解释变量：劳动参与			
	(1)	(2)	(3)	(4)
urban	-0.430 ***	-0.466 ***	-0.430 ***	-0.466 ***
	(0.0663)	(0.0674)	(0.0663)	(0.0674)
age	0.397 ***	0.351 ***	0.397 ***	0.351 ***
	(0.0235)	(0.0241)	(0.0235)	(0.0241)
age_sq	-0.00568 ***	-0.00497 ***	-0.00568 ***	-0.00497 ***
	(0.000314)	(0.000322)	(0.000314)	(0.000322)
yedu	0.0302 ***	0.0474 ***	0.0301 ***	0.0474 ***
	(0.00782)	(0.00802)	(0.00782)	(0.00802)
married	-0.0289	0.124	-0.0289	0.124
	(0.136)	(0.140)	(0.136)	(0.140)

续表

解释变量	被解释变量：劳动参与			
	（1）	（2）	（3）	（4）
male	44.55	47.50	57.73	56.78
	(37.15)	(38.61)	(58.44)	(59.39)
ser	0.00466	0.000753	0.00465	0.000753
	(0.00389)	(0.00412)	(0.00389)	(0.00412)
lninc	-0.664***	-0.130*	-0.664***	-0.130*
	(0.0388)	(0.0684)	(0.0388)	(0.0684)
male × ser	-1.497	-1.583	-1.428	-1.543
	(1.206)	(1.255)	(1.254)	(1.292)
male × lninc			-1.857	-1.274
			(5.648)	(5.704)
year		yes		yes
Constant	0.601	-3.236***	0.599	-3.237***
	(0.488)	(0.747)	(0.488)	(0.747)
Observations	22102	22102	22102	22102
Number of indid	7387	7387	7387	7387
Wald chi2 (12)	960.87	1198.71	960.45	1198.40

注：urban 表示是否是城市户口，age 和 age_sq 表示年龄和年龄平方，yedu 表示受教育程度，married 表示是否结婚，male 表示男性虚拟变量，ser 表示服务业收入份额，lninc 表示地区人均 GDP 对数。括号中为标准误，*代表10%显著水平，**代表5%显著水平，***代表1%显著水平。

表4-2报告了基于2005年1%人口抽样调查数据研究的产业结构转型对劳动参与率的性别差异的影响。第（2）列在第（1）列的基础上加入地区人均 GDP 对数，第（3）列在第（2）列的基础上加入男性虚拟变量和地区人均 GDP 对数，以此来衡量收入水平对劳动参与率性别差异的影响。在该表中，男性虚拟变量的系数为正，这表明中国男性劳动参与率要高于女性。后两列服务业份额变量的系数为正，这表明产业结构转型升级能够增加中国的劳动参与率，进而扩大中国的潜在劳动供给。第（1）列服务业份额的系数为负，这可能是因为服务业份额

和地区人均 GDP 对数存在一定的相关性,在第一列的控制变量中没有放入地区人均 GDP 对数,导致服务业份额反映了部分收入效应。男性虚拟变量和服务业份额的交互项系数为负,这表明服务业份额增加可以缩减中国劳动参与率的性别差异。再来看地区人均 GDP 对数,这个变量的系数为负,且在 1% 水平下显著,这说明居民收入水平的增加会抑制中国的劳动参与率。另外,男性虚拟变量和地区人均 GDP 对数的系数为正,且在 1% 水平下显著,这表明中国收入水平的提高会扩大劳动参与率的性别差异。其他控制变量基本与表 4-1 的结果一致。

表 4-2　　产业结构转型对劳动参与率性别差异的影响:
基于 2005 年 1% 人口抽样数据的研究

解释变量	被解释变量:劳动参与		
	(1)	(2)	(3)
urban	-1.396***	-1.387***	-1.390***
	(0.00550)	(0.00551)	(0.00551)
age	0.475***	0.475***	0.476***
	(0.00124)	(0.00124)	(0.00124)
age_sq	-0.00605***	-0.00606***	-0.00606***
	(1.50e-05)	(1.50e-05)	(1.50e-05)
edu	-0.0418***	-0.0338***	-0.0330***
	(0.00243)	(0.00245)	(0.00245)
health	1.857***	1.862***	1.860***
	(0.00831)	(0.00832)	(0.00831)
younger_rate	0.101***	0.0753***	0.0724***
	(0.0204)	(0.0204)	(0.0204)
older_rate	-0.0981***	-0.0875**	-0.0910**
	(0.0356)	(0.0356)	(0.0356)
male	1.297***	1.288***	-0.403***
	(0.0282)	(0.0282)	(0.0774)
married	0.125***	0.121***	0.119***
	(0.00709)	(0.00710)	(0.00710)

续表

解释变量	被解释变量：劳动参与		
	（1）	（2）	（3）
ser	-0.00204***	0.00417***	0.00732***
	(0.000462)	(0.000507)	(0.000524)
growth	-0.592***	0.0238	0.0214
	(0.0532)	(0.0574)	(0.0574)
Male × ser	-0.00432***	-0.00417***	-0.0123***
	(0.000693)	(0.000692)	(0.000774)
lninc		-0.143***	-0.226***
		(0.00480)	(0.00597)
Male × lninc			0.209***
			(0.00892)
Constant	-11.98***	-11.01***	-10.34***
	(0.0402)	(0.0514)	(0.0588)
Observations	1792853	1792853	1792853
Pseudo R2	0.2581	0.2586	0.2588

注：urban 表示是否是城市户口，age 和 age_sq 表示年龄和年龄平方，edu 表示受教育程度，health 表示身体健康状况，younger_rate 表示家庭小于 6 岁孩子占比，older_rate 表示家庭大于 75 岁老人占比，married 表示是否结婚，male 表示男性虚拟变量，growth 表示当地省市经济增长率，ser 表示当地省市服务业收入份额，lninc 表示当地省市人均 GDP 对数。括号中为标准误，*代表10%显著水平，**代表5%显著水平，***代表1%显著水平。

本章采用两个不同的数据来分析研究服务业份额对中国劳动参与率性别的影响，且两个都是微观个体大样本数据。CHNS 数据的研究表明服务业份额能够缩小中国劳动参与率的性别差异，但这种作用并不明显，而 2005 年 1% 人口抽样调查数据的研究也证实了服务业份额提升会缩小中国劳动参与率的性别差异，并且这种缩小作用是显著的。需要注意的是，CHNS 数据都是跨年度数据，而 2005 年 1% 人口抽样调查数据是横截面数据，这说明服务业份额的横向比较能解释各个地区劳动参与率性别差异的不同，但纵向比较不能有效解释中国劳动参与率性别差异的时间趋势。综上所述，本章的研究结果表明产业结构转型会促进中国劳动参与率性别差异缩小，但这种作用是较弱的，特别是在纵向比较上，这可能是因为中国各个地区的服务业发展差距较大，而在近 20 年里，服务业发展并没有取得多大进步。

二 产业结构转型对性别工资差异的影响

表 4-3 报告了基于 CHNS 数据研究的产业结构转型对劳动工资的性别差异的影响。第（3）列和第（4）列与前两列的区别在于加入了男性虚拟变量和地区人均 GDP 对数，以此来衡量收入水平对劳动参与率性别差异的影响。第（2）列和第（4）列与另两列的区别在于，这两列控制了时间效应。男性虚拟变量的系数为正，这表明中国男性劳动工资要高于女性。地区服务业份额变量的系数为正，这表明产业结构转型升级能够增加中国居民的劳动工资。前两列男性虚拟变量和服务业份额的交互项系数为正，而后两列男性虚拟变量和服务业份额的交互项系数为负，这可能是因为服务业份额和地区人均 GDP 对数存在一定的相关性，在第（1）列和第（2）列的控制变量中没有放入男性虚拟变量和地区人均 GDP 对数，导致了服务业份额衡量了收入效应，而收入效应会扩大性别工资差异，后两列男性虚拟变量和地区人均 GDP 对数的系数为正，且在 1% 水平下显著说明了这点。但从产业结构转型来看，服务业份额的提高缩小了性别工资差异。再来看其他控制变量，城镇居民的劳动工资要远远高于农村居民；年龄对劳动工资的影响呈现 U 形，即居民劳动参与率先随着年龄的增加而增加，到一定年龄后，再随着年龄的增加而降低；教育水平的提高可以显著提高居民的劳动工资，即教育的回报率为正；选择服务业行业就业人群的劳动工资远高于其他人群；选择体制内工作人群的工资远低于体制外的工资。

表 4-3　　产业结构转型对性别工资差异的影响：
基于 CHNS 数据的研究

解释变量	被解释变量：月工资对数				
	（1）	（2）	（3）	（4）
male	0.115 ***	0.197 ***	-0.213 ***	-0.0578
	(0.0381)	(0.0344)	(0.0755)	(0.0686)
urban	0.0530 ***	0.0630 ***	0.0524 ***	0.0625 ***
	(0.0115)	(0.0101)	(0.0115)	(0.0101)

续表

解释变量	被解释变量：月工资对数			
	(1)	(2)	(3)	(4)
age	0.0350***	0.0321***	0.0357***	0.0327***
	(0.00251)	(0.00230)	(0.00251)	(0.00230)
age_sq	-0.000335***	-0.000363***	-0.000346***	-0.000371***
	(3.22e-05)	(2.94e-05)	(3.22e-05)	(2.95e-05)
yedu	0.0375***	0.0256***	0.0376***	0.0257***
	(0.00153)	(0.00140)	(0.00153)	(0.00140)
Tertiary	0.0310***	0.0218**	0.0321***	0.0227**
	(0.00954)	(0.00879)	(0.00954)	(0.00879)
within	-0.205***	-0.0691***	-0.206***	-0.0703***
	(0.00977)	(0.00939)	(0.00976)	(0.00939)
ser	0.00259***	0.00211***	0.00526***	0.00415***
	(0.000878)	(0.000815)	(0.00103)	(0.000943)
lninc	0.637***	0.101***	0.598***	0.0726***
	(0.00693)	(0.0110)	(0.0103)	(0.0129)
Male × ser	0.00313***	0.00101	-0.00138	-0.00247**
	(0.00101)	(0.000914)	(0.00135)	(0.00122)
Male × lninc			0.0621***	0.0482***
			(0.0124)	(0.0112)
year		yes		yes
Constant	-1.325***	3.914***	-1.130***	4.058***
	(0.0614)	(0.108)	(0.0725)	(0.113)
Observations	24388	24388	24388	24388
Number of indid	11106	11106	11106	11106
R-squared	0.5829	0.6605	0.5833	0.6609

注：Tertiary 表示被调查者所属行业是否为第三产业，within 表示是否属于体制内工作。括号中为标准误，*代表10%显著水平，**代表5%显著水平，***代表1%显著水平。

表4-4 报告了基于2005年1%人口抽样调查数据研究的产业结构转型对劳动工资的性别差异的影响。第（2）列在第（1）列的基础上加入地区人均 GDP 对数，第（3）列在第（2）列的基础上加入男性虚拟变量

和地区人均GDP对数,以此来衡量收入水平对劳动工资性别差异的影响。在该表中,男性虚拟变量的系数为正,这表明中国男性劳动工资要高于女性。这三列中服务业份额变量的系数为正,且均在1%水平下显著,这表明产业结构转型升级能够增加中国居民的劳动工资水平。更重要的是,在这三列中,男性虚拟变量和服务业份额的交互项系数为负,且均在1%水平下显著,这表明服务业份额增加可以缩减中国居民劳动工资的性别差异。再来看男性虚拟变量和地区人均GDP对数的交互项,该交互项的系数为正,且在1%水平下显著,这表明中国收入水平的提高会扩大劳动工资的性别差异。其他控制变量基本与表4-3的结果一致。

本部分采用两个不同的数据来分析研究服务业份额对性别工资差异的影响,两个都是微观个体大样本数据,两者的区别在于CHNS数据是跨越20多年的面板数据,而2005年1%人口抽样调查数据是一年的横截面数据。基于CHNS数据的研究结果并不一定能得到服务业份额提高会缩小中国的性别工资差异的结论,但2005年1%人口抽样调查数据的研究结果却能够支撑这一结论,即服务业发展能有效缩小性别工资差异,并且这种缩小作用是显著的。综上所述,本章的研究结果表明,地区之间的不同服务业发展水平能够在一定程度上解释性别工资差异的不同,但服务业份额的提高并不能有效缩小性别工资差异。这可能还是因为中国各个地区的服务业发展差距较大,而在近20年里,服务业发展并没有取得多大进步。

表4-4　　　　　产业结构转型对性别工资差异的影响:
基于2005年1%人口抽样调查数据的研究

解释变量	被解释变量:月工资对数		
	(1)	(2)	(3)
urban	0.0493***	0.0780***	0.0774***
	(0.00183)	(0.00177)	(0.00177)
age	0.0296***	0.0293***	0.0294***
	(0.000347)	(0.000337)	(0.000337)
age_sq	-0.000348***	-0.000363***	-0.000364***
	(4.25e-06)	(4.12e-06)	(4.12e-06)

续表

解释变量	被解释变量：月工资对数		
	（1）	（2）	（3）
yedu	0.205***	0.173***	0.174***
	(0.000684)	(0.000672)	(0.000672)
health	0.294***	0.277***	0.277***
	(0.00423)	(0.00410)	(0.00410)
male	0.349***	0.421***	0.00403
	(0.00754)	(0.00731)	(0.0187)
married	0.0446***	0.0568***	0.0555***
	(0.00176)	(0.00171)	(0.00171)
ser	0.0137***	0.00562***	0.00647***
	(0.000142)	(0.000141)	(0.000145)
Male × ser	−0.00310***	−0.00450***	−0.00616***
	(0.000188)	(0.000182)	(0.000195)
lninc		0.328***	0.301***
		(0.00112)	(0.00158)
Male × lninc			0.0503***
			(0.00208)
Ownership		yes	
Constant	3.782***	1.046***	1.270***
	(0.0151)	(0.0174)	(0.0197)
Observations	1338258	1338258	1338258
R-squared	0.550	0.578	0.578

注：Ownership 表示控制被调查者工作的所有制性质。括号中为标准误，*代表10%显著水平，**代表5%显著水平，***代表1%显著水平。

第五节 基于服务业发展滞后的解释

第四节的结果可以简单概括为中国服务业的发展对劳动力市场性别差异的缩小有一定程度的作用，但这种作用是比较小的，不能主导劳动参与率和劳动工资性别差异的整体趋势，因此20多年里，中国劳动市场上性别差异并没有随着产业结构转型的推进，即服务业份额的提高而缩小。本节将从服务业发展滞后的角度来解释中国服务业对劳动参与率与劳动工资的性别差异作用的有限性。而中国服务业滞后主要表现为三个方面：中国服务业整体份额过低，中国服务业的结构也不能更大程度上发挥女性的比较优势，最重要的是中国服务业的生产率相对较低，产业结构转型还有很大提高空间。

一　服务业份额

服务业对劳动市场性别差异的缩小作用与服务业份额有关，但是服务业本身份额较低，最后的作用也是微弱的。本章以此为切入点来解释中国产业结构转型背景下劳动力市场性别差异之谜。

表4-5报告了中华人民共和国成立初期到2012年服务业的就业份额和收入份额。由于历史和经济的原因，在中华人民共和国成立初期，中国服务业发展基本零起步，1952年，中国服务业的就业份额仅为9.1%。自改革开放以来，随着国民收入的提高以及第二产业的迅速发展，中国服务业也开始不断增长，1978年中国服务业就业份额为12.2%，收入份额为23.9%，而到2013年中国服务业就业份额达到38.5%，收入份额达到46.1%，但与世界发达国家相比，中国的服务业仍处于较低水平。表4-6报告了中国与世界发达国家1990年、2000年和2010年服务业收入份额和就业份额的差别。在这三个时间段，无论是服务业收入份额还是就业份额，中国都远远低于这五个发达国家。尽管在1990—2010年的20年里，随着中国改革开放的深入，中国服务业收入份额和就业份额迅速增长，增长幅度明显，甚至超过了这几个发达国家，但从绝对水平来看，中国明显落后，在2010年，中国服务业收入份额和就业份额只接近于某些国家的一半，就业份额甚至少于美国的一半。这些数据都表明了一个事实，即中国服务业份额太低。

表4-5 中华人民共和国成立以来服务业的就业份额和收入份额　　单位:%

年份	就业份额	收入份额
1952	9.1	
1970	9.0	
1978	12.2	23.9
1979	12.6	21.6
1980	13.1	21.6
1981	13.6	22.0
1982	13.5	21.8
1983	14.2	22.4
1984	16.1	24.8
1985	16.8	28.7
1986	17.2	29.1
1987	17.8	29.6
1988	18.3	30.5
1989	18.3	32.1
1990	18.5	31.6
1991	18.9	33.7
1992	19.8	34.8
1993	21.2	33.7
1994	23.0	33.6
1995	24.8	32.9
1996	26.0	32.8
1997	26.4	34.2
1998	26.7	36.2
1999	26.9	37.7
2000	27.5	39.0
2001	27.7	40.5
2002	28.6	41.5
2003	29.3	41.2
2004	30.6	40.4
2005	31.4	40.5

续表

年份	就业份额	收入份额
2006	32.2	40.9
2007	32.4	41.9
2008	33.2	41.8
2009	34.1	43.4
2010	34.6	43.1
2011	35.7	43.4
2012	36.1	44.6
2013	38.5	46.1

资料来源：历年《中国第三产业统计年鉴》。

表4-6 中国与主要发达国家服务业收入份额和就业份额比较   单位：%

项目 国家	收入份额			就业份额		
	1990年	2000年	2010年	1990年	2000年	2010年
中国	31.6	39.0	43.1	18.5	27.5	34.6
法国	69.22	74.71	79.28	64.8	69.6	74.4
德国	62.48	68.38	68.97	55.5	63.8	70
韩国	53.60	57.51	59.26	46.7	61.2	76.4
日本	60.39	67.42	71.36	58.2	57.5	59.26
美国	70.05	75.37	79.02	70.7	74.3	81.2

注：德国1990年的数据缺失，本章采用1991年的数据补全。

资料来源：WDI。

中国统计年鉴和WDI数据库2000年可能高估了中国第三产业的就业份额。本章通过对中国1990—2010年三次人口普查数据的整理，发现在这三个时间段中国的第三产业就业份额要远远低于同期中国统计年鉴和WDI数据库的数据。表4-7报告了三次人口普查数据整理的第三产业就业份额，结果发现，中国1990年的第三产业就业数据为12.58%，2000年为18.81%，2010年为27.51%，这三个数据都低于中国统计年鉴和 WDI 上的数据，更低于同时期世界发达国家的服务业就业份额。

表 4-7　　　　　　　　中国三大产业就业份额　　　　　　单位：%

年份	第一产业	第二产业	第三产业
2010	48.34	24.16	27.51
2000	64.38	16.81	18.81
1990	72.24	15.18	12.58

资料来源：人口普查数据。

二　服务业结构

服务业是一个大部类，里面涵盖了许多其他的行业，如交通、运输、仓储和邮政业、金融业和信息传输、计算机服务和软件业等。整体来看，服务业份额的提高会相对提高对女性的需求，发挥女性的比较优势，但是服务业内部也存在一些行业，这些行业可能和工业一样也是需要体力劳动，需要臂力和负重，这些行业并不能发挥女性的比较优势，这些行业甚至更需要男性劳动力，比如交通、运输、仓储和邮政业，在该行业中有一个业务是快递业务。随着电子商务的兴起，越来越多的消费者采用在网上支付、送货上门的消费方式来购物，购买的商品可以小到一支钢笔，也可以大到一台电视机，快递员需要将这些货物从分货点送到消费者家中。这整个过程就需要负重的能力，一般来说，男性更适合这种工作，所以在现实中会观察到快递员男性要比女性多很多。因此快递行业的飞速发展并没有发挥女性的比较优势，也就不能扩大经济体对女性的劳动需求，从而也就不能促进女性劳动参与率，也不能缩小性别工资差异。因此，本章有必要厘清服务业内部的结构，分清哪些行业对女性需求旺盛，这些行业是否发展迅速。

表 4-8 报告了 2010 年中国细分行业分性别的就业人数比例。该表既报告了服务业内部细分行业的就业份额和女性占就业人数比例，也报告了第一产业和第二产业细分行业的就业份额和女性占就业人数

第四章 产业结构转型与中国劳动市场性别差异:需求方面

比例。在第一产业和第二产业的细分行业里,农林牧渔业的女性占比是最高的,几乎占到该行业就业人数的一半,最低的是建筑业,女性占比只有14.41%,这表明建筑业最能体现男性的比较优势,也是最需要体力劳动的。而服务业内部的细分行业里,有的行业女性就业占比超过农林牧渔业的女性就业占比,有些甚至还低于制造业的女性就业占比,但整体来看第三产业的女性就业占比仅为44.69%(见表4-9),低于农林牧渔业的女性就业占比,也低于第一产业的女性就业占比,这说明现阶段中国三产业对女性的需求,第一产业最为旺

表4-8　　2010年中国细分行业分性别的就业人数比例　　单位:%

三资产业	细分行业	行业就业份额	女性占就业人数比例
第一产业	一、农林牧渔业	48.34	49.17
	二、采矿业	1.13	17.69
第二产业	三、制造业	16.85	43.95
	四、电力、燃气及水的生产和供应业	0.69	28.65
	五、建筑业	5.48	14.41
第三产业	六、交通、运输、仓储和邮政业	3.56	16.28
	七、信息传输、计算机服务和软件业	0.61	40.17
	八、批发和零售业	9.30	52.75
	九、住宿和餐饮业	2.73	53.75
	十、金融业	0.81	49.60
	十一、房地产业	0.67	36.40
	十二、租赁和商务服务业	0.69	37.98
	十三、科学研究、技术服务和地质勘查业	0.32	34.31
	十四、水利、环境和公共设施管理业	0.37	41.54
	十五、居民服务和其他服务业	1.94	46.53
	十六、教育	2.31	55.49
	十七、卫生、社会保障和社会福利业	1.17	59.63
	十八、文化、体育和娱乐业	0.45	46.10
	十九、公共管理和社会组织	2.57	32.35
	二十、国际组织	0.0009	53.65

资料来源:2010年第六次人口普查数据。

盛，第三产业只是其次。当然在服务业内部的细分行业里，有很多行业的女性就业比例大大超过了农林牧渔业，比如批发和零售业，住宿和餐饮业，金融业，教育，卫生、社会保障和社会福利业等，其中卫生、社会保障和社会福利业的女性就业比例为59.63%，这表明该行业对女性的需求要高于男性，也说明该行业的特点更能发挥女性的比较优势。然而，服务业内这些女性就业比例高于农林牧渔业的细分行业的就业份额太少，将这些细分行业的就业份额全部加总才占到全国就业人数的16.32%，也仅占服务业就业份额的59.32%。

表4-9报告了1990—2010年20年间，中国三大产业中的就业性别比例。对于女性而言，在这三个时间段里，第一产业里女性的就业占比总是高于第二产业和第三产业，而第二产业里女性的就业占比基本低于第三产业，也就是说中国近20年的产业结构使女性在第一产业中的比较优势最为明显，其次是第三产业，再次是第二产业。而中国自改革开放以来的产业结构转型就是第一产业份额不断缩小，农业中的劳动力逐渐释放到工业和服务业，尽管在这20年里，服务业的就业份额上升了15个百分点左右，工业就业份额仅上升9个百分点左右，但整体来说，中国的产业结构转型可以描述成劳动力从女性就业比例较高的农业部门释放到男性就业比例较高的工业和服务业部门。如果性别就业比例体现了该行业对该性别比较优势的发挥程度，则中国的产业结构转型可以描述成劳动力从体现女性比较优势的农业部门转移到体现男性比较优势的工业和服务业部门。这种产业结构转型对女性反而不利，势必不会减小中国劳动力市场上的性别差异。

表4-9　　　　　　中国三大产业中就业性别比例　　　　　单位:%

年份	第一产业 男性	第一产业 女性	第二产业 男性	第二产业 女性	第三产业 男性	第三产业 女性
2010	50.83	49.17	64.42	35.58	55.31	44.69
2000	51.51	48.49	62.19	37.81	58.69	41.31
1990	52.64	47.36	60.28	39.72	62.47	37.53

资料来源：人口普查数据。

表4-10和表4-11分别报告了1990—2010年中国女性和男性在三大产业中的就业份额。随着中国产业结构转型的进展,中国女性在第三产业的就业份额不断上升,从1990年的10.50%上升到2010年的27.53%。与此同时,中国男性在第三产业的就业份额也在不断上升,上升幅度与女性大体相当,这说明与男性相比,第三产业对女性的吸引力仅仅来自产业结构转型的动力,而非第三产业对女性比较优势的发挥作用。因此,第三产业在20年的逐步增长并不能带来女性劳动市场环境的改变,也未能改善女性的就业环境,这导致了中国的产业结构转型不能缩小劳动参与率的性别差异,也不能有效改善性别工资差异。

表4-10　　　　中国女性三大产业就业份额　　　　单位:%

年份	第一产业	第二产业	第三产业
2010	53.22	19.25	27.53
2000	68.14	14.02	17.14
1990	76.09	13.40	10.50

资料来源:人口普查数据。

表4-11　　　　中国男性三大产业就业份额　　　　单位:%

年份	第一产业	第二产业	第三产业
2010	44.40	28.12	27.49
2000	60.67	19.13	20.20
1990	69.10	16.62	14.28

资料来源:人口普查数据。

三　服务业生产率

Ngai和Petrongolo(2013)创造性地研究了在结构转型和市场化作用下日益上升的服务业部门对性别工资差异和劳动时间变化的作用。在他们的模型里,他们假设在代表性个体对商品和服务两种消费品的替代弹性较低的情况下,商品部门生产率的提高和居民收入水平的提高会促使产业结构转型,即商品部门的劳动力会释放到服务部门，而服务部门又分为家庭生产服务部门和市场生产服务部门，劳动力会更多地释放到这两个服务部门中生产率较高的部门，这样产业结构转型会带来两种结果：其一是当家庭生产服务部门的技术进步率高于市场生产服务部门时，商品部门释放的劳动力更多地进入家庭生产中，会导致整个市场生产服务部门的劳动力减少，而女性在市场生产服务中的比较优势会使女性市场劳动参与率的下降相比男性更为显著。在这种情况下，女性发挥的比较优势并不能被市场承认，因此不能显著缩小性别工资差异。其二是当市场生产服务部门的技术进步率高于家庭生产服务部门时，商品部门释放的劳动力更多地进入服务部门中，而女性在市场生产服务的比较优势会把更多的女性吸引到具有高技术进步率的市场生产服务部门，以前家庭生产服务部门的女性也被重新分配到市场生产服务部门，这会导致女性劳动参与率上升，市场化的服务业生产会发挥女性的比较优势，进而会缩小性别工资差异。发达国家的经验数据表明他们在近半个世纪里都采用第二种模式，即这些国家的市场生产服务部门的生产率远远高于家庭生产服务部门，产业结构转型导致了女性劳动参与率上升和性别工资差异不断缩小。

当研究中国的产业结构转型对中国劳动力市场性别差异的影响时，本章必须比较中国服务业中家庭生产和市场化生产的两种技术进步率的高低。由于资料的限制，笔者很难搜集到数据来研究中国家庭生产服务部门的技术进步率，但可以测算中国市场化生产服务业，并和世界发达国家的市场化生产服务部门的技术进步率进行比较。

表4-12报告了1990—2010年中国服务业全要素生产率及其增长率。本章重点关注的是中国服务业的TFP增长率，结果发现在这20年里，TFP增长率有正有负，最大值为1992年的4.62%，最小值为1990年的-8.61%，但整体而言，中国服务业TFP增长率在0附近徘徊，基本分布在0附近。1990年中国服务业的TFP为0.3274，到2010年中国的TFP仅增长到0.3410，在20年里，中国服务业的TFP增长率几乎为0，为了验证中国这20年里的TFP增长率是否在统计意义上为0，本章采用t检验的方法，对原假设做"均值为0"的检验，

最后 t 检验结果表明中国服务业全要素生产率增长率从统计意义上来说确实是零。

表 4-12　中国服务业全要素生产率及其增长率

年份	TFP	TFP 增长率（%）	年份	TFP	TFP 增长率（%）	年份	TFP	TFP 增长率（%）
1990	0.3274	-8.61	1997	0.3232	0.36	2004	0.335	-0.13
1991	0.3411	4.24	1998	0.3174	-1.80	2005	0.3382	0.97
1992	0.3568	4.62	1999	0.3184	0.33	2006	0.3453	2.10
1993	0.3609	1.13	2000	0.3216	1.00	2007	0.3392	-1.77
1994	0.3544	-1.80	2001	0.3285	2.15	2008	0.3317	-2.21
1995	0.3335	-5.89	2002	0.3327	1.27	2009	0.3450	4.01
1996	0.3221	-3.43	2003	0.3354	0.81	2010	0.3410	-1.42

资料来源：谭洪波和郑江淮（2012）。

与中国对比，本章列举了日、美、德、法四个发达国家 20 世纪末服务业全要素生产率的增长率（见表 4-13）。发现除了日本在 1991—1996 年服务业全要素生产率的增长率为负数以外，其他各国在不同年份以及日本在其他年份服务业全要素生产率的增长率均大于 0。本章也采用 t 检验的方法来检验四个发达国家 20 世纪末的服务业全要素生产率的增长率在统计意义上是否大于 0，最后 t 检验结果表明，这四个发达国家 20 世纪末的服务业全要素生产率的增长率从统计意义上来说确实大于零。这说明发达国家市场化服务业的技术进步率要远远大于中国。

表 4-13　四个发达国家服务业全要素生产率的增长率　　单位:%

年份	日本	美国	德国	法国
1980—1986	1.4	1.1	1.1	1.6
1986—1991	2.6	0.7	1.8	2.1
1991—1996	-0.5	0.6	1.0	0.8

资料来源：谭洪波和郑江淮（2012）。

在产业结构转型背景下，中国并没有出现与发达国家相似的现象，即劳动力市场性别差异的缩小，这可能是由于中国市场化服务业的技术进步率要远远小于家庭生产服务业，而发达国家市场化服务业的技术进步率要远远高于家庭生产服务业。前面的数据已经佐证中国市场化的服务业技术进步率几乎为零，远小于发达国家。本章尽管无法测算家庭生产服务业的技术进步率，但是由于中国市场化的服务业技术进步率如此之低，家庭生产服务业的技术进步率高于市场化生产是非常可能存在的。因此，可以得出这样一个结论，中国服务业技术进步率的低水平可能在很大程度上导致女性劳动参与率不能同发达国家一样出现上升的趋势，性别工资差异也不能同发达国家一样出现不断缩小的趋势。

第六节　本章总结

本章利用 CHNS 数据和 2005 年的全国 1% 人口抽样调查数据分析研究了产业结构转型对劳动参与率和劳动工资性别差异的影响。研究结果表明，产业结构转型带来的服务业份额的提高会促进劳动参与率性别差异的缩小，但这种作用是较弱的，特别是在纵向比较上，这可能是因为中国各个地区的服务业发展差距较大，而在 1990—2010 年的 20 年里，服务业发展并没有取得多大进步。对性别工资差异的研究结果表明，地区之间的不同服务业发展水平能够在一定程度上解释性别工资差异的不同，但各地区在这 20 年里的服务业份额的提高并不能有效缩小性别工资差异。这可能还是因为中国各个地区的服务业发展差距较大，而在这 20 年里，服务业发展并没有取得多大进步。

本章分别从服务业份额、服务业结构和服务业生产率三个方面分析研究了中国服务业发展的滞后对女性劳动参与率的促进作用和对性别工资差异的缩小效应有限。结果发现，中国服务业份额与世界发达国家相比还处于极其低下的水平。从服务业内部结构来看，中国服务业内部有很多产业对女性就业的吸收大于制造业，小于第一产业，也就是说，中国现阶段服务业发展的特点并不能完全反映女性的比较优势。更为重要的是，中国服务业的生产率远低于世界发达国家的水平，这种低下的生产率还不能拉动更多的女性在第三产业就业，进而也就不能体现女性的比较优势，提高女性的工资，进而缩小性别工资差异。

第五章 产业结构转型与中国劳动市场性别教育差异：供给方面

第一节 研究背景与研究意义

由于中国的服务业发展相比世界其他发达国家存在很大程度上的滞后，服务业开始崛起也就近30年的时间，这导致了中国服务业对女性劳动参与率的促进作用和对性别工资差异的缩小作用较小，因而不能改变中国女性劳动参与率下降和性别工资差异并未缩小的大趋势。但当中国服务业在未来逐渐发展壮大，服务业份额不断提高，服务业结构不断调整，服务业生产率也不断进步，服务业成为中国的产业支柱时，可以预见，中国服务业对中国劳动市场的性别差异的影响将会更加深刻，甚至会改变劳动参与率性别差异和性别工资差异的变化趋势。

除此之外，以往的研究往往直接研究现阶段服务业发展对劳动市场的影响，进而探求服务业发展对劳动参与率性别差异和性别工资差异的影响，他们忽略了一个重要事实，即服务业发展除了这种直接影响劳动市场的机制外，很可能存在一个长期机制影响着劳动市场，通过改变劳动供给进而改变中国劳动市场性别差异。具体而言，服务业的发展会使一个国家或地区脑力劳动密集型生产任务逐渐增多，这会改变经济体对劳动需求的结构，充分发挥女性具有比较优势的脑力劳动，缩小性别之间的差异，更进一步地，服务业的发展会带来女性教育回报率相对增加，从而会激励女性提高教育水平，进而提高女性的人力资本。而性别间人力资本投资差异的改变无疑会带来未来性别间就业形势的改变。因此，产业结构转型会影响当下性别间教育投资的性别差异，进而影响人力资本的性别差异，从而会在长期改变劳动市场性别差异，也就是说服务业发展对女性劳动参与率与性别工资差异还存在着这种长期的影响机制，而这是以往文献所忽略的。特别需要说明的是，人力资本（Human capital）是指劳动者受到教育、培训、实践经验、迁移、保健等方面的投资而获得的知识和技能的积累，亦称"非物力资本"。由于这种知识与技能可以为其所有者带来工资等收益，因而形成了一种特定的资本——人力资本。而在中国，在获得知识和技能的许多投资方式中，教育是最常见也是最主要的一种，因此本章利用性别教育差异来衡量人力资本性别差异。

事实上，服务业发展对性别教育差异的影响在世界发达国家已经开始出现，主要表现在很多发达国家的女性在教育投资上快步赶上男性，性别教育差异不断缩小，甚至发生逆转。在半个世纪以前，在世界范围内，女性的受教育程度往往落后于男性，甚至在一些国家女性的受教育机会从一开始就落后于男性。然而，这种教育方面性别的不平等已经在很大程度上发生了改变，在大多数发达国家，今天女性的教育水平甚至已经超越了男性：Goldin、Katz 和 Kuziemko（2006）分析了 17 个 OECD 国家 1985 年和 2002 年高等教育参与率的数据，他们发现，在 1985 年，仅有 4 个国家的女性高等教育的参与率低于男性，而到 2002 年，这个数据缩小到 1。性别教育差异的逆转不仅发生在发达国家，在一些发展中国家也发生了这种逆转。Becker、Hubbard 和 Murphy（2009）发现，在 1920 年尽管他们的数据样本中接近 120 个国家男性的大学升学率要大于女性，但到 2010 年，在大多数富裕国家和 1/3 的人均收入低于世界中位数的国家，女性的大学升学率已经超过男性了。

值得关注的是，性别教育差异的逐渐缩小也发生在中国。从教育机会的性别差异来看，1974 年中国适龄儿童的小学入学率的性别比仅为 73.7%，1976 年中国适龄儿童的义务教育参与率的性别比也仅为 84.0%，而截至 2012 年，中国适龄儿童的小学入学率的性别比上升到 99.9%，同时中国适龄儿童的义务教育参与率的性别比也上升到

100.83%，女性的参与率甚至超过了男性①。而从教育获取的性别差异来看，与男性相比，女性文盲率的降低速度远远高于男性，尽管在2010年中国女性的文盲率仍然比男性高6个百分点，但这个数据已经大大缩小了，1990年，中国女性的文盲率要比男性高将近20个百分点。而从高学历来看，中国女性和男性的差距一直就不是很大，并且在20年里，性别之间的高学历教育差异还有慢慢缩小的趋势。1990年，中国男性高中及以上学历人口占比为16.03%，而同期女性为10.20%，差距仅为不到6个百分点；而到2010年，中国男性高中及以上学历人口占比为29.84%，同期女性为24.53%，差距约为6个百分点②。

尽管服务业发展会促进性别教育差异的缩小，但不会在短期显著作用于劳动市场，达到即期劳动市场性别差异缩小，这是因为：（1）女性接受教育是一个缓慢的过程，义务教育需要九年，而如果再继续学习，时间就更长了。（2）一个经济体表现出来的劳动市场性别差异是对于经济体总人口的劳动参与和劳动工资加总得到，包括了16—64岁各个年龄段的人群。但服务业发展对性别教育差异的影响只会作用于上学适龄人群，而这些上学人群成长为适龄劳动人群需要一定时间。更重要的是，现存的适龄劳动人群基本不会接受教育，服务业发展不会影响适龄劳动人群的性别教育差异。因此，要让上学适龄人群的性别教育差异缩小转化为劳动市场性别差异缩小需要很长的时间。综上所述，服务业发展通过促进性别教育差异缩小，进而减少劳动市场性别差异是一个长期的过程。尽管这种机制时间较长，但这种机制对劳动市场性别差异的影响更为全面，也更为深刻，可以预见，服务业发展会大幅度缩小劳动市场性别差异。

服务业发展对女性劳动参与率与性别工资差异的长期影响是通过影响性别教育差异的机制发生的。因此本章的主要目标就是研究服务业发展的这种长期影响，即研究和实证分析服务业发展对性别教育差异缩小的正向影响。

---

① 数据来源于世界发展指数数据库。
② 数据来源于1990年、2000年和2010年三次人口普查数据。

第二节　性别教育差异与劳动市场性别差异

一　中国性别教育差异（1990—2010 年）

教育是人力资本形成的一个重要方式。在科技飞速发展的今天，受教育水平对个人就业的影响至关重要。而由于历史和文化的原因，在教育机会方面，中国以往一直存在性别歧视，导致女性接受的教育远远不如男性。而随着经济结构转型升级，中国经济对劳动力的需求也正在改变，中国的经济发展越来越依赖高教育水平的劳动力。如果女性在教育方面开始向男性追赶和看齐，这会促进女性就业，并增加女性工资。

表5-1报告了1990—2010年20年来分性别的各教育程度占总人数的比例。需要说明的是，由于各个时期存在不同的学历安排，所以三个时期的教育程度并不完全统一，例如，2000年存在扫盲班，而2010年不再统计中专的数据。从文盲率来看，即未上过学的人口占比，在20年里，女性未上过学的人口比例，一直在降低，从1990年的32.60%降低到2010年的9.43%，这与中国施行的义务教育政策是紧密相关的。除此之外，女性高中学历的人口占比也在不断上升，从1990年的7.14%上升到2010年的14.35%，高中学历以上女性的人口比例也在不断提升。与男性相比，女性文盲率的降低速度远远高于男性，尽管在2010年中国女性的文盲率仍然比男性高6.09个百分点，但这个数据已经大大缩小了，在1990年，中国女性的文盲率要比男性高将近20个百分点。而从高学历来看，中国女性和男性的差距一直就不是很大，并且在20年里，性别之间的高学历教育差异还有慢慢缩小的趋势。1990年，中国男性高中及以上学历人口占比为16.02%，而同期女性为10.20%，差距仅为5.82个百分点；而到2010年，中国男性高中及以上学历人口占比为29.86%，同期女性为24.52%，差距为5.34个百分点。总而言之，中国性别间的教育差异正在不断缩小，主要表现为更多的女性参与教育，进行教育投资，也就是说女性在教育上的劣势正在不断减小。

表 5-1　　　　　　　分性别的各教育程度占比　　　　　单位:%

年份	教育程度	总体	男性	女性
2010 年	未上过学	6.38	3.34	9.43
	小学	24.05	21.48	26.64
	初中	42.38	45.34	39.40
	高中	16.13	17.91	14.35
	大学专科	6.34	6.76	5.92
	大学本科	4.31	4.72	3.89
	研究生	0.41	0.47	0.36
2000 年	未上过学	8.97	4.75	13.37
	扫盲班	2.21	1.32	3.14
	小学	30.68	28.43	33.02
	初中	39.07	43.56	34.38
	高中	10.28	12.15	8.32
	中专	4.10	4.11	4.09
	大学专科	3.09	3.62	2.54
	大学本科	1.51	1.92	1.08
	研究生	0.09	0.13	0.06
1990 年	未上过学	22.68	13.25	32.60
	小学	34.39	35.21	33.52
	初中	29.73	35.49	23.68
	高中	9.05	10.86	7.14
	中专	2.16	2.47	1.83
	大学专科	1.21	1.61	0.79
	大学本科	0.77	1.08	0.44

资料来源:1990 年、2000 年和 2010 年三次人口普查数据。

二　性别教育差异缩小对劳动市场性别差异的影响

中国的性别教育差异一直在缩小,这使中国劳动市场性别差异发生了什么变化呢?本章将分别从劳动参与率与劳动工资两个方面论述性别教育差异对劳动市场性别差异的影响。表 5-2 和表 5-3 分别报告了 1990 年和 2010 年中国分性别分教育的劳动参与率。1990 年未上学女性劳动参与率为 55.06%，2010 年，未上学女性劳动参与率为 34.50%。在 1990 年，总体性别间劳动参与率的差异是 12.35%，而分教育劳动参与率性别差异中未上过学的劳动参与率远远高于这个数，为 18.66%，2010 年也是如此。可见，造成中国劳动参与率性别差异过大的主要原因在于女性未上学。因此，女性增加教育投资，降低性别间的教育差异有助于减少劳动参与率的性别差异。

表 5 - 2　　1990 年中国分性别分教育的劳动参与率　　单位:%

分教育程度	差异	男性	女性
未上过学	18.66	73.72	55.06
小学	4.63	91.64	87.01
初中	6.09	90.75	84.64
高中	4.72	82.68	77.96
中专	5.65	80.42	74.77
大学专科	5.25	82.95	77.7
大学本科	6.19	71.81	65.62
总计	12.35	87.35	75.00

资料来源：1990 年人口普查数据。

表 5 - 3　　2010 年中国分性别分教育的劳动参与率　　单位:%

分教育程度	差异	男性	女性
未上过学	10.22	44.72	34.50
小学	10.19	74.77	64.58
初中	13.92	87.94	74.02
高中	15.95	69.90	53.95
大学专科	7.01	71.94	64.93
大学本科	5.20	64.20	59.00
研究生	9.74	70.20	60.36
总计	14.43	78.16	63.73

资料来源：2010 年人口普查数据。

教育投资可以增加个人日后的工资，因此性别教育差异缩小肯定会缓解性别工资差异。除此之外，更为重要的是，教育投资增加对男性和女性劳动工资的增加的作用是不一样的。表5-4报告了中国1989—2011年分教育程度的性别工资比。需要注意的是，本章将初中以下学历（包括初中）定义为低教育程度，将初中以上学历的人群定义为高教育程度。从表5-4可以看出，自从1991年以后，高教育程度的性别工资比就一直高于低教育程度的性别工资比。更重要的是，尽管两组性别工资比在20多年里有升有降、波动不断，但总体而言，低教育程度的性别工资比呈下降趋势，而高教育程度的性别工资比呈上升趋势，这说明低教育程度的性别工资差异在不断扩大，中国的性别工资差异在低教育程度人群中更为严重。这就是说，教育对女性工资的提高作用远远高于男性，从这点来看，通过提高女性受教育程度是可以提高性别工资比、缩小性别工资差异的。

表5-4　　　　　　　中国分教育程度性别工资比　　　　　　单位：%

年份	低学历者性别工资比	高学历者性别工资比
1989	81.06	79.25
1991	73.81	82.34
1993	77.87	86.02
1997	73.59	84.50
2000	73.34	76.57
2004	67.18	91.64
2006	71.76	73.38
2009	61.94	71.24
2011	66.63	84.94

资料来源：CHNS数据。

综上所述，中国女性教育水平的提高会带来中国女性人力资本水平的提高，从而正向影响中国女性的就业，这不会降低中国女性的劳动参与率。而中国女性教育水平提高一定会带来女性推迟进入劳动市场的年龄，这在一定程度上会降低女性劳动参与率，但是根据人口普查数据处理发现，中国女性教育水平的提高只会导致女性劳动参与率降低一小部分，因而并不是中国女性劳动参与率下降的主要原因。因此，教育的两个正反作用带给中国女性劳动参与率的影响不会很大，不会成为决定中国女性劳动参与率下降的主要原因。

第三节 对传统文献的批判性回顾

性别教育差异的不断缩小甚至出现逆转引起了经济学家的关注，他们从几个不同角度解释了这种现象。Chiappori、Iyigun 和 Weiss（2009）假定女性面临的性别歧视将随着教育程度的增加而递减，这就意味着女性为了减少性别歧视会刻意提高受教育水平。Iyigun 和 Walsh（2007）认为，女性的结婚年龄要低于男性，而随着人口的不断增长，大龄女性要和大量的年轻女性在婚姻市场上竞争，相比之下，可供竞争的年龄较大的男性是稀少的，为了提高自己的婚姻竞争力，女性会有意识地提高受教育程度。另外一个解释来自离婚风险。Chiappori 和 Weiss（2007）发现当男性的高收入和监护安排导致夫妻双方不合适时，男性更倾向于先提出离婚。结果是，女性为了确保自己的婚姻幸福会再投资更多时间在学校里。Becker 等（2009）对性别教育差异逆转提出的解释是，在非认知能力方面，女性比男性的平均水平要高，并且波动性要小，这导致了女性在大学毕业生的供给上比男性更有弹性。当对大学毕业生的需求足够高时，女大学生数量会超过男性。Claudia Goldin、Lawrence Katz 和 IlyanaKuziemko（2006）也认为女性在接受教育方面的成本要低于男性。Pekkarinen（2012）进一步从教育的成本和收益两个方面解释了性别教育差异的缩小，他认为女性在接受教育方面比男性更有天赋，因此女性接受教育的成本比男性低。随着教育的收益不断增加，教育的净收益将不断增加，这会促使女性增加人力资本投资。Kerwin Charles 和 Ming - ChingLuoh（2003）给出的经验证据表明男性工资的方差随着教育年限增加而扩大，而女性却相对稳定，这意味着投资教育对于女性而言风险较低。这些文献对于性别教育差异的解释是一个静态的视角，即他们给出的原因在过去就已经存在了,并不是随时间发展而出现的新事物或新特征,因此他们给出的结论能解释性别教育差异的静态结果,但并不能解释性别教育差异的动态变化,即近几十年来,女性的教育投资逐渐增加,性别之间的教育差异是不断缩小的。

一些学者从男女两性的自然性别特征差异出发研究性别教育差异。男女两性的自然性别特征差异表现在男性在体力劳动上拥有绝对优势(潘锦棠,2003;Mathiowetz et al.,1985;Gunther et al.,2008)。而相比男性,女性在脑力劳动方面具有比较优势。Rendall(2010)根据美国1977年的职业特征词典数据(DOT)将职业工作性质分为体力(brain)、脑力(brawn)等几大类,然后他利用美国1950—2005年的人口普查等数据分析了这55年美国工作对体力和脑力的需求变化,他发现美国整体工作对体力的需求不断下降,对脑力的需求是不断上升的,而对于女性工作来说体力需求的下降更快,脑力需求的上升也较男性要快,这说明相比男性,女性更倾向于从事脑力劳动密集型工作。

最早将性别教育差异与女性在脑力劳动方面的比较优势联系起来的是 Deolalikar(1993)对印度尼西亚分性别教育水平的研究,但由于其缺乏职业方面的信息导致他不能提供更多的解释。Gosling(2003)认为工资是由很多因素决定的,相比男性,女性缺乏体力劳动,她们有很强的激励为脑力劳动投资,因此会增加教育投资。而女性在脑力劳动方面的比较优势一直存在,他并没有说明为什么早些时期女性的教育投资并没有增加,而只是近几十年在有些国家和地区超越了男性。Pitt 等(2012)构建了一个模型解释孟加拉国农村地区女性教育水平追赶男性的现象,女性在技巧(脑力劳动)方面的比较优势能够解释这一新现象是因为健康和营养水平普遍提高的结果。男性在体力劳动上具有比较优势,男性倾向于接受较少的教育并从事技巧回报较低的生产活动,而营养投资增加会增加男性的体力禀赋,提高男性的工资,这就增加了男性接受教育的机会成本,也使得男性进入教育回报率较高的行业利润下降。而对于同一生产活动而言,体力劳动是脑力劳动的互补品,因此男性的最优受教育水平不会增加反而会下降,而对于女性来说却恰恰相反,女性的体力禀赋并不会随着营养投资的增加而显著增加，脑力劳动与体力劳动的互补性质决定了其教育水平会随着健康收益的增加而不断增加。因此，营养投资带来的性别教育水平的不同影响会导致性别教育差异不断缩小，甚至女性的受教育水平超越男性。在 Pitt 等（2012）的基础上，Rosenzweig 和 Zhang（2013）利用中国的双胞胎数据验证了这一作用机制在中国也适用。Pitt 等（2012），Rosenzweig 和 Zhang（2013）的研究更多的是从经济发展带来居民健康营养水平的提高来解释女性在教育上对男性的赶超，并且他们所用的数据仅仅是单个国家的微观数据，而孟加拉国和中国都是发展中国家，收入水平增加会带来营养投资的增加，但对于发达国家而言，收入水平已经发展到一定程度，营养投资已经达到很高水平，再增加营养投资并不一定就能继续带来女性教育对男性的赶超。

大量文献将女性的比较优势与经济发展带来的劳动力需求结构变化结合起来研究女性教育水平的变化，即研究女性偏向性工作的发展带来的劳动力需求结构的变化对女性教育水平的影响。Heath 和 Mobarak（2002）研究孟加拉国成衣制造业的发展对女性教育水平的影响，他们发现成衣制造业的快速发展能够显著提高 5—10 岁女孩的入学率，这主要是因为成衣制造业的劳动对性别的需求不是中性的，成衣制造业的发展给女性提供了更多的就业机会。在印度等地方大量出现了一种对女性有利的新的工作，即外包业务（如电话中心等）。Jensen（2012）研究了印度外包业务的发展对女性的影响。外包业务是印度新出现的对女性有利的工作，他研究发现外包业务的发展会显著推动女性进行电脑和英语培训班的学习，同时，对于年青一代来说，BPO 工作的前景还大大提高了升学率。Vedant Koppera 和 Aashish Mehta（2014）对美国的微观数据研究发现偏向于女性的高工资高技术行业的发展显著提高了女性的高等教育参与率。Dragusanu（2014）对柬埔寨的研究也发现了同样的情况，但他提出了一个新的解释，即女性偏向性工作机会的增多提高了女性在家庭中的谈判能力，从而增加了家庭对女孩的教育投资。然而，这些实证文献仅仅单独研究了劳动力需求结构变化对女性教育水平的促进作用，并没有涉及性别教育差异，因此也就不能解释性别教育差异的缩小。

与本章最接近的是 Rendall（2010）的研究，他将女性教育投资增加归结于劳动力结构需求的改变，他认为劳动力需求向女性偏向性变动在某种程度上会增加女性的教育回报率，这导致了女性增加教育投资。具体而言，他们假定男性和女性都拥有体力和脑力的禀赋，但男性在体力上有绝对优势，而女性在脑力上有比较优势，脑力劳动的回报增加会诱使女性增加教育投资。然而 Rendall（2010）没有利用数据验证这一机制是否能解释性别之间教育差异缩小，更为重要的是，他将劳动力结构需求的改变解释为一国的整体生产任务向技巧性工作的转变，并没有认识到一国整体生产任务的转变是由服务业发展造成的。

事实上，服务性工作一直被认为更适合女性，因为相比工厂的工作，服务性工作的工作环境往往会更安全干净，并且工作时间也会更短（Goldin，2006）。尽管在过去的几十年里，工厂工作在这些方面也得到了有效改善，但女性在服务性行业仍具有比较优势，例如女性在服务业行业会更多地使用交流技巧，也会更少使用重体力劳动技巧（Galor and Weil 1996；Rendall，2010）。第四节中表5-5对中国2006年分行业的劳动需求特征的整理也说明了中国服务业对脑力劳动的需求远远大于对体力劳动的需求。因此，服务业的发展会使一国脑力劳动密集型生产任务逐渐增多，这会改变经济体对劳动需求的结构，充分发挥女性具有比较优势的脑力劳动，缩小性别之间的差异。更进一步地，服务业的发展会带来女性教育回报率相对增加，从而会激励女性提高教育水平。

第四节　服务业发展缩小性别教育差异的机制分析

一　理论模型

一个代表性家庭，只有一个孩子，或男或女，父母的效用取决于两个方面：其一是他们的消费水平；其二是子女未来的预期收入，父母要通过选择消费和子女的上学时间来最大化效用：

$$\max U(C, E(W)); \quad (5-1)$$

其中，可设家庭效用函数表示为 $U(C, E(W)) = \gamma_1 \ln C + \gamma_2 \ln E(W)$。其约束条件为 $F = PC - (1-s)\omega + sP$，其中 F 表示家庭的收入，P 表示消费品的价格，C 表示家庭的消费量，s 表示子女的上学时间，ω 表示小孩的工资，也就是说子女不去上学也是可以参与劳动获取工资的。$E(W)$ 表示的是父母预期的子女未来的预期工资。

假设父母是根据现在的经济情况来判断将来子女的预期工资，且经济体有两个大的部门，商品部门和服务部门，每个部门都包含着很多类似而繁多的小的生产任务。假设现在经济体有很多生产任务，每一个生产任务男性和女性都可以单独完成，而每一个生产任务既需要脑力劳动也需要体力劳动，本章假设这种生产任务满足柯布道格拉斯生产函数形式，即

$$W_i = A_i (\kappa H)_i^{\alpha} B_i^{1-\alpha}, \quad i=1,2 \quad (5-2)$$

其中 h 表示脑力劳动，b 表示体力劳动，α_i 表示该生产任务的脑力劳动密集度。另外本章假设子女的体力劳动禀赋很难改变，且男性的体力劳动禀赋要远远大于女性，而脑力劳动禀赋可以通过上学接受教育提高，即 $H = H(s)$，且 $H_s > 0$，$H_{ss} < 0$。

另外 W_i 表示 i 部门某一生产任务的收益，A_i 表示 i 部门的生产率参数，κ 表示将 H 转化为体力劳动的规模系数，$i=1$ 表示商品部门，$i=2$ 表示服务业部门。

假设当期的服务业份额为 μ（取值范围在 0 到 1 之间），则商品部门份额为 $1-\mu$，而父母并不知道子女未来会从事商品部门工作还是会从事服务业部门工作，但如果服务业份额太低，也即社会对服务业的需求很低，则子女从事服务业部门工作的概率也会很低，反之服务业份额很高，也即社会对服务业的需求很高，则子女从事服务业部门工作的概率也会很高。可设父母对这一概率的判断是根据现在经济体服务业份额 μ 来预测的，简单地可以将父母预期未来子女在服务业部门工作的概率取值为 μ，则子女未来的预期收入可以表示为：

$$E(W) = (1-\mu)W_1 + \mu W_2 \quad (5-3)$$

因为相对于商品部门，服务业是脑力密集型生产活动，因此 $\alpha_1 < \alpha_2$。

根据约束条件将 C 表示成 s 的函数代入家庭效用函数，可求得一阶条件为：

$$\frac{\gamma_1(\omega+\rho)}{\gamma_2[F+(1-s)\omega-s\rho]} = \frac{H_s}{H}\frac{(1-\mu)W_1\alpha_1+\mu W_2\alpha_2}{(1-\mu)W_1+\mu W_2}; \quad (5-4)$$

可调整为：$\dfrac{\gamma_1(\omega+\rho)}{\gamma_2[F+(1-s)\omega-s\rho]}\dfrac{H(s)}{H_s} = \dfrac{(1-\mu)W_1\alpha_1+\mu W_2\alpha_2}{(1-\mu)W_1+\mu W_2}$ (5-5)

方程左边是上学时间 s 的增函数，方程右边是 μ 的增函数（$\alpha_1 < \alpha_2$），因此，两边全微分可得 $\dfrac{\partial s}{\partial \mu} > 0$；即服务业部门的份额增加会增加子女的上学时间，提高子女的教育投资。

更为具体地，假设一个代表性家庭有一个男孩，另外一个代表性家庭有一个女孩，男孩和女孩的体力劳动禀赋都不变，且男孩要大于女孩，即 $B_m > B_f$，也就是说男性在体力劳动上具有绝对优势。同时，假设男孩和女孩的初始脑力劳动禀赋是一样的，但脑力劳动禀赋可以通过教育获取，因此男孩和女孩日后的脑力劳动禀赋差异主要取决于他们接受教育程度的差异。

对一阶条件经过繁杂的代数整理可以得到：$\dfrac{\partial s}{\partial \mu} = \phi(B^{\alpha_2-\alpha_1})$，且 $\phi < 0$。

考虑到 $\alpha_1 < \alpha_2$ 且 $B_m > B_f$，可求得 $\left(\dfrac{\partial s}{\partial \mu}\right)_f > \left(\dfrac{\partial s}{\partial \mu}\right)_m$；

也就是说，服务业部门收入份额会带来家庭对男孩和女孩教育投资的增加，但女孩的增加程度要高于男孩的增加程度。因此，服务业发展会有效缩小性别教育差异。

二 关键假设及其现实基础

以上理论模型的关键假设是 $\alpha_1 < \alpha_2$ 和 $B_m > B_f$，即服务业部门是脑力劳动密集型行业，而男性在体力劳动上具有绝对优势。首先来看第一个关键假设，即服务业部门是脑力劳动密集型行业。在世界发达国家，农业和制造业对劳动力的体力劳动要求较高，这些部门的生产任务大多是体力劳动密集型生产，而相比之下，服务业对劳动力的脑力劳动要求较高，服务业部门的生产任务大多是脑力密集型生产（Rendall，2010；Jayachandran，2014）。但基于中国服务业发展的实际情况，中国服务业既包含很多需要体力劳动的行业，如交通运输业，也包含一些需要脑力劳动的行业，如现代服务业等。因此服务业部门是脑力劳动密集型行业对中国可能并不适用，还需要用中国的数据来检验。表5-5报告了利用CGSS（2006）整理的中国服务业和非服务业对劳动类型的需求情况。从该表可以看出，非服务业，即农业和制造业，需要更长时间的工作、更繁重的体力劳动，还需要快速而频繁地移动身体的位置，而服务业则需要更加快速反应的思考或脑力劳动。这也说明了服务业对劳动力的脑力劳动要求较高，服务业部门的生产任务大多都是脑力密集型生产。

表5-5　　　　　　　　中国分产业的劳动类型需求

项目		长时间的工作	繁重的体力劳动	快速而频繁地移动身体的位置	需要快速反应的思考或脑力劳动
总样本		3.180 (1.103)	2.532 (1.193)	2.970 (1.159)	3.146 (1.129)
分产业	非服务业	3.337*** (1.079)	3.183*** (1.169)	3.196*** (1.114)	2.827 (1.061)
	服务业	3.091 (1.104)	2.169 (1.038)	2.847 (1.166)	3.327*** (1.125)

注：*** 表示经过T检验，P值小于0.01，两类别的某种情形出现的多少程度具有显著差别，** 表示P值小于0.5。

资料来源：CGSS（2006）。

再来看第二个关键假设，即男性在体力劳动上拥有绝对优势。男性在体力劳动上的绝对优势是由性别间的生理差异决定的[1]。在身体结构上，男性比女性身高体重、肩宽臂长。"男性肩宽上肢长，工作半径增加，可为工作提供一定的方便，女性下肢较短，故在跳跃、疾走等动作方面不如男性灵敏。由于骨骼系统上的差别，使男性较女性更容易胜任强度较大及活动度较大的劳动"；骨骼肌和皮下脂肪：男性肌肉发达坚实有力，其重量占体重的40%—50%，而女性占体重的

---

[1] 本小节中以下材料均引自保毓书等（1995）。

32%—35%。女性皮下脂肪丰富，占体重的 20%—25%，男性仅占 10%—15%。男性较女性有更大的爆发力。从体力劳动的作业能力看，年龄对肌力有影响，30 岁后，女性和男性的肌力均下降。女性较男性肌力下降得更快，50 岁时的肌力，约为同龄男性的一半。老年妇女（60—70 岁）肌力约为青年妇女肌力的 2/3。

第五节 实证分析检验

一 数据和模型设定

本章的理论模型考察了产业结构转型是如何缩小性别教育差异的，根据该理论模型设定本章的计量模型：

$$R_{it} = \alpha_i + \beta_t + \gamma SER_{it} + \varepsilon_{it} \tag{5-6}$$

其中 R_{it} 是国家 i 在时间 t，女性适龄人群小学入学率与男性之比和女性适龄人群小学和中学入学率与男性之比。SER_{it} 表示国家 i 在时间 t 的服务业占 GDP 比例，α_i 即服务业份额；β_t 是未观察到的国家特定效应，是未观察到的时间特定效应，ε_{it} 是未观察到既随国家变化又随时间改变的误差项。

本章的数据来自世界发展指数数据库（WDI 数据库）和性别统计数据库（Gender Statistics）。WDI 数据库囊括了各个国家的各种数据，其中包括教育、环境、经济政策与负债、金融、健康、基础设施、劳动供给、贫穷、私有部门和公共部门等几大类。在 WDI 数据库里可以找到各国服务业份额、人均收入、总人口、制造业份额、自然资源租金占 GDP 比重和总消费率（包括居民消费和政府消费）。而在性别统计数据库里能找到女性适龄人群小学入学率与男性之比（R_1）和女性适龄人群小学和中学入学率与男性之比（R_2）。本章总共收集了 103 个国家 1970—2012 年的跨国面板数据，当然中间有些国家在有些年份的数据有缺失。

表 5-6 报告了主要变量的描述性统计结果。需要指出的是，在 103 个国家里，女性的初等（或中等）教育参与率与男性非常接近，甚至在有些国家有些年份，女性的初等（或中等）教育参与率已经超

过了男性，表现为 R1 和 R2 的值大于 100%。另外，在这些样本里，这些国家的服务业部门也发展壮大，平均而言，国家超过一半的国内生产总值来自服务业部门，在有些国家服务业份额甚至超过了 90%。

表 5-6　　　　　　　　描述性统计（1970—2012 年）

Variable	Obs.	Mean	Std. dev Overall	Between	Within	Min	Max
R_1（%）	3388	97.490	7.270	5.030	5.278	14.978	126.04
R_2（%）	2936	98.459	8.866	6.899	5.803	15.031	122.801
Ser（%）	3356	58.216	14.435	13.593	6.937	7.210	93.755
Lninc（国际元）	4463	10.382	2.105	2.207	0.339	6.079	17.130
Lnpop	5641	14.452	2.572	2.574	0.252	8.603	21.029
Ind（%）	3640	33.346	12.699	12.327	5.902	5.798	90.513
Nona（%）	3352	91.406	7.778	6.520	4.196	44.188	100
Resource（%）	4420	8.211	15.588	14.308	7.038	0	100.367
Con（%）	3791	76.610	14.204	12.425	8.582	13.102	171.829

注：R_1 表示女性适龄人群小学入学率与男性之比，R_2 表示女性适龄人群小学和中学入学率与男性之比，ser 表示服务业份额，Lninc 表示人均 GDP 对数，Lnpop 表示人口对数，Ind 表示制造业份额，Nona 表示非农份额，Resource 表示自然资源租金占 GDP 比重（% of GDP），Con 表示总消费率。

二　回归结果

表 5-7 报告了主要的回归结果。在前两列中，本章控制国家特定效应，结果发现服务业份额对 R_1 和 R_2 的系数分别为 0.169 和 0.233，且均在 0.01 水平下显著。而在后两列中，本章在控制国家特定效应的基础上控制时间效应，结果发现服务业份额的系数仍为正，分别为 0.0838 和 0.0463，虽然与前两列相比下降明显，但两者仍在不同程度下显著。在第（5）列和第（6）列，本章将当期的服务业份额替换成上一期的服务业份额，结果显示上一期的服务业份额的系数均为正，且均在不同程度上显著，这说明本章选择当期或上一期服务业份额对显著性结果并不是很重要。在最后两列中，本章在（3）和（4）两列的基础上，放入了其他两个控制变量，即收入对数和总人口对数，以控

制国家可以观察到的随时间改变的变量,结果发现服务业份额的系数依然显著为正,相比(3)和(4)两列大大增加了。

表 5-7　　　　　　　　　　基准模型回归结果

解释变量	(1) R₁	(2) R₂	(3) R₁	(4) R₂	(5) R₁	(6) R₂	(7) R₁	(8) R₂
ser	0.169*** (0.0148)	0.233*** (0.0185)	0.0838*** (0.0185)	0.0463** (0.0228)			0.141*** (0.0187)	0.122*** (0.0217)
L.ser					0.0929*** (0.0183)	0.0508** (0.0220)		
lninc							1.382*** (0.485)	2.648*** (0.533)
lnpop							10.95*** (0.869)	20.09*** (1.080)
Constant	87.55*** (0.868)	84.84*** (1.093)	92.18*** (3.627)	85.77*** (1.560)	90.60*** (1.967)	88.65*** (2.284)	-88.78*** (15.80)	-250.6*** (19.62)
Countries	103	103	103	103	103	103	103	103
Observations	2596	2276	2596	2276	2569	2260	2564	2249
R-squared	0.050	0.068	0.128	0.217	0.136	0.228	0.180	0.320
Country FE	Yes	Yes	Yes	Yes	Yes	Yes	Yes	Yes
Year FE	No	No	Yes	Yes	Yes	Yes	Yes	Yes

注:L.ser表示上一年的服务业份额。括号中为标准误,*代表10%显著水平,**代表5%显著水平,***代表1%显著水平。

为了考察不同收入组的国家是否都符合这一规律,即经济结构转型主要变现为服务业份额的上升,是否会相对提高女性的受教育水平,本章将总体样本分成发达国家和发展中国家,以及OECD国家和非OECD国家。之所以要考察不同收入组的异质性,基于这样的考虑:中国是一个发展中国家,也不是OECD组织的成员国,中国的服务业发展规律可能与发达国家或 OECD 组织成员国的服务业发展规律不一样,因此本章必须分离出这种异质性,考察服务业发展相对提高女性受教育水平的规律是否既适用于发达国家,也适用于发展中国家;既适用于 OECD 组织成员国,也适用于非 OECD 组织成员国。表 5-8 的结果表明,列(1)—(8)中服务业份额的系数均为正,这说明本章的假说对不同收入组的国家均成立,中国也受这一规律支配。中国大力发展服务业,也能相对提高女性受教育水平。

表 5-8　　　　　　　　不同收入组国家的回归结果

解释变量	(1) R_1	(2) R_2	(3) R_1	(4) R_2	(5) R_1	(6) R_2	(7) R_1	(8) R_2
ser	0.0613*** (0.0143)	0.148*** (0.0212)	0.169*** (0.0262)	0.114*** (0.0314)	0.108*** (0.0171)	0.221*** (0.0256)	0.145*** (0.0243)	0.101*** (0.0290)
lninc	-0.483 (0.371)	1.228** (0.525)	2.505*** (0.690)	4.024*** (0.788)	-0.106 (0.414)	2.679*** (0.600)	1.780*** (0.648)	3.019*** (0.729)
lnpop	13.13*** (0.926)	19.08*** (1.338)	8.970*** (1.222)	17.92*** (1.616)	14.66*** (0.985)	22.57*** (1.481)	9.135*** (1.178)	18.16*** (1.538)
Constant	-113.6*** (15.99)	-229.2*** (22.40)	-75.09*** (23.20)	-219.8*** (28.21)	-151.8*** (17.60)	-323.7*** (26.39)	-60.54*** (20.64)	-209.9*** (26.79)
Countries	38	38	65	65	32	32	71	71
Observations	1004	960	1560	1289	874	836	1690	1413
R-squared	0.218	0.327	0.226	0.346	0.264	0.375	0.209	0.332
Country FE	Yes	Yes	Yes	Yes	Yes	Yes	Yes	Yes
Year FE	Yes	Yes	Yes	Yes	Yes	Yes	Yes	Yes
Units of obs	Developed countries		Developing countries		OECD		Non-OECD	

注:括号中为标准误,*代表10%显著水平,**代表5%显著水平,***代表1%显著水平。

产业结构转型不仅仅表现为服务业份额的提高,在有些落后的国家，工业份额的上升也是产业结构优化升级的一种方式。因此，本章将服务业份额变量换成工业份额和非农业份额两个变量，来研究产业结构转型对性别教育差异的影响。除此之外，由前面的理论假说可知，产业结构转型对性别教育差异的影响主要来自服务业发展，正是因为女性在服务业中的比较优势促使女性未来工作工资的上升，从而增加了女性预期收益，促进了女性提高教育水平，而将服务业份额变量换成工业份额和非农业份额两个变量，也可以研究经济结构转型影响性别教育差异的具体机制。表5-9报告了工业份额或非农业份额对性别教育差异的影响，从四列结果可以发现，无论是工业份额还是非农业份额，系数均为负，且均在1%水平下显著，这说明工业份额的上升不会促进性别教育差异收敛，非农业份额的提高也不会促进性别教育差异收敛，产业结构转型对性别教育差异的收缩影响主要是通过服务业份额的提高来实现的。

表5-9　　　　　　　　工业份额和非农份额的回归结果

解释变量	(1) R_1	(2) R_2	(3) R_1	(4) R_2
ind	-0.149*** (0.0177)	-0.132*** (0.0201)		
nona			-0.0945*** (0.0360)	-0.105** (0.0406)
lninc	2.470*** (0.485)	3.123*** (0.532)	1.693*** (0.554)	3.176*** (0.618)
lnpop	12.29*** (0.779)	19.68*** (0.948)	9.533*** (0.859)	19.03*** (1.070)
Constant	-116.6*** (15.37)	-238.7*** (17.42)	-55.52*** (15.41)	-221.9*** (19.18)
Countries	103	103	103	103
Observations	2801	2463	2562	2247
R-squared	0.171	0.322	0.163	0.313
Country FE	Yes	Yes	Yes	Yes
Year FE	Yes	Yes	Yes	Yes

注：括号中为标准误，*代表10%显著水平，**代表5%显著水平，***代表1%显著水平。

三　稳健性检验

本章采用三种方法来对前面的实证分析结果进行稳健性检验。首先，本章为服务业份额变量寻找了两个工具变量，以克服内生性的问题；其次，本章采用中国的大样本微观数据，来检验产业结构转型对中国的教育性别差异缩小也是适用的；最后，前文的理论假说强调产业结构转型缩小性别教育差异的主要原因在于产业结构转型带来的服务业份额的上升，而服务业与传统的制造业不一样，不是一个劳动密集型的产业，更需要脑力劳动，因此服务业的发展会发挥女性在脑力劳动方面的比较优势，从而增加了女性的教育投资回报，会促进女性的教育投资，缩小性别教育差异。因此，在本节有必要验证中国服务业发展是否缩小了性别间的教育回报差异。

（一）工具变量回归

前面的计量模型并不能证明服务业发展和性别教育差异之间的因果关系，原因在于：首先，本章选择的代理变量可能会面临度量误差的问题，而如果这种度量误差是非系统性的，则会导致上述计量回归结果是有偏差的；其次，可能存在遗漏变量的问题，如居民性别歧视程度的减弱，或国家政府主导的消除性别歧视的一系列政策措施，这两种改变都会导致国家提高女性的教育水平，而性别歧视的减弱会导致女性增加劳动供给，选择进入更适合她们工作的场所，特别是会大量进入服务业行业，因此这两种改变既会导致性别教育差异缩小，又会导致服务业较快发展；最后，服务业发展和性别教育差异之间本身也可能存在双向因果关系，随着女性教育水平的提高，会促使她们进入更能体现女性教育价值的场所工作，她们会进入对技巧要求较高的行业，而服务业与农业和制造业相比，对技巧要求较高，因此会促进服务业发展。上述几种问题都可能导致估计的内生性偏误。为处理此问题，本节的策略是为服务业份额变量寻找工具变量。

本节为服务业份额变量寻找了两个工具变量，一是自然资源租金总额占 GDP 比重（% of GDP）；二是总消费率，即居民消费率和政府消费率之和。各个国家所拥有的自然资源是外生的，拥有丰富自然资源的国家，比如石油、天然气等，它们在国民生产中会投入大量的人力物力开采这些自然资源,这会增加国民经济中第一产业和第二产业的份额,相应地,这些国家的服务业份额会变少。而自然资源拥有的多少是由该国的地理位置决定的,对性别教育差异没有多少影响,因此,本章可以用自然资源租金来作为服务业份额的工具变量。生活消费是服务业的重要组成部分,消费率低必然导致生活性服务业发展慢和比重低(江小涓和李辉,2004)。国民收入的两个去向,一个是消费,另一个是储蓄。储蓄的国民收入一般用来投资,而投资会增加对制造业产品的购买,相应地不利于服务业的发展。各个国家由于经济发展情况的不同和自身消费文化的差别,消费率也有所不同,这会导致服务业发展也不同,而消费水平对性别教育差异没有影响。因此,本章也可以用总消费率作为服务业份额的工具变量。

表5-10为工具变量回归报告了第一阶段的回归结果。第(1)列单独将自然资源租金占GDP比重放入回归中;第(2)列单独将总消费率放入回归中;第(3)列将自然资源租金占GDP比重和总消费率均放入回归中,为了控制其他变量对服务业发展的影响;第(4)列放入了其他控制变量,具体有人口密度(density)、城市化率(urb)、人均GDP对数(lninc)、总抚养率(tdr)等。结果发现,自然资源租金占GDP比重的系数在(1)(3)(4)三列中均为负数,而总消费率在(2)(3)(4)三列中均为正数,且这两个变量在各列中均在0.01水平下显著,也就是说,自然资源租金占GDP比重和总消费率确实会影响一国的服务业发展水平。并且这四列的R方均在0.5左右。四个回归结果中,F统计量均远远大于10,根据Staigerand Stock(1997)提出的判断规则,在只有一个内生变量的情况下,一阶段回归的F检验值如果大于10,则表明不存在弱工具变量的问题。

表5-10 第一阶段回归结果

被解释变量	(1)	(2)	(3)	(4)
	ser	ser	ser	ser
resource	-0.360***		-0.250***	-0.213***
	(0.0163)		(0.0170)	(0.0170)
con		0.332***	0.262***	0.328***
		(0.0110)	(0.0116)	(0.0135)

续表

被解释变量	(1) ser	(2) ser	(3) ser	(4) ser
density				-0.000310 (0.000387)
urb				-0.0642*** (0.0215)
lninc				5.120*** (0.474)
tdr				0.0760*** (0.0146)
Constant	53.12*** (0.889)	25.58*** (1.208)	32.01*** (1.237)	-26.15*** (5.484)
Countries	107	103	103	101
Observations	3289	3140	3076	2966
R-squared	0.445	0.527	0.548	0.563
F Statistic	58.55	75.93	80.82	75.51
Country FE	Yes	Yes	Yes	Yes
Year FE	Yes	Yes	Yes	Yes

注：括号中为标准误，*代表10%显著水平，**代表5%显著水平，***代表1%显著水平。

表5-11报告了工具变量的回归结果。前两列以自然资源租金占GDP比重作为工具变量，中间两列以总消费率作为工具变量，最后两列以自然资源租金占GDP比重和总消费率作为工具变量。结果发现在这六列中，服务业份额的系数均为正，且均在0.01水平下显著，且与表5-7中的第（7）列和第（8）列相比，系数均有显著提高，这说明没有控制内生性的回归结果低估了服务业对性别教育差异的影响。此外，本节在表5-11报告了弱识别检验和过度识别检验的结果，发现六列的工具变量都不存在弱识别的问题，且最后两个工具变量回归也不存在过度识别的问题。

表 5-11　　　　　　　　工具变量回归结果

解释变量	IV: resource (1) R₁	IV: resource (2) R₂	IV: con (3) R₁	IV: con (4) R₂	IV: resource and con (5) R₁	IV: resource and con (6) R₂
ser	0.246*** (0.0430)	0.239*** (0.0502)	0.323*** (0.0430)	0.426*** (0.0495)	0.336*** (0.0376)	0.396*** (0.0432)
lninc	1.657*** (0.495)	2.873*** (0.538)	0.367 (0.520)	2.163*** (0.577)	0.382 (0.521)	2.138*** (0.575)
lnpop	11.97*** (0.947)	21.11*** (1.144)	19.67*** (1.196)	27.74*** (1.317)	19.84*** (1.157)	27.38*** (1.276)
Constant	-121.1*** (19.22)	-276.3*** (22.11)	-234.5*** (23.13)	-387.2*** (24.85)	-237.5*** (21.90)	-379.3*** (23.84)
Countries	103	102	99	98	99	98
Obs	2556	2242	2440	2148	2432	2142
R-squared	0.168	0.310	0.208	0.315	0.203	0.324
WIT	561.039	478.502	616.811	570.201	443.491	404.271
Ovrid test					0.6697	0.2430
Country FE	Yes	Yes	Yes	Yes	Yes	Yes
Year FE	Yes	Yes	Yes	Yes	Yes	Yes

注：括号中为标准误，*代表10%显著水平，**代表5%显著水平，***代表1%显著水平。WIT 表示弱识别检验（Weak identification test），Stock-Yogo 弱识别检验10%水平下的临界值是19.93。

（二）来自中国2005年1%人口普查抽样数据的检验

前文所有实证部分的研究都是采用 WDI 的国别宏观数据，本章采用中国2005年的1%人口普查抽样数据来检验产业结构转型对中国的性别教育差异缩小是否发挥作用。该数据报告了所有被调查者的受教育情况，包括未上过学、小学、初中、高中、大学专科、大学本科和研究生学历七大类，本节将被访者的受教育程度定义为 edu，并依次取为1到7。另外该问卷调查还报告了被调查者的民族、户口、年龄、是否为独生子（女）、性别。但其他更深层次影响受教育程度的个体变量并没有报告，比如评价被访问者的智力变量，被访问者当时读书时的家庭收入状况等，这可能对本章的估计造成偏差。但本章研究产业结构转型对性别教育差异的影响，对于个体来说，产业结构是一个外生的宏观变量，因此本章在建立计量回归模型时，尽可能只考虑一些外生变量，而将这些微观个体与学习相关的特征变量放入计量回归模型中的误差项中。因为这些变量都是一些微观个体的特征变量，因此本章假设包含这些变量在内的误差项与放入回归方程中的宏观变量是无关的，也满足零条件均值假设，因此并不会影响后面的计量估计。

特别需要指出的是，本节的研究仅仅考虑外生因素，本节假设微观个体一生的受教育水平主要受到开始上学时的宏观背景的影响，因此本节的主要解释变量经济结构转型定义为微观个体6岁时所处省份的服务业份额。比如，北京市某被调查者出生于1980年，1980年是1岁，则1985年是6岁，本节则将1985年北京市的服务业份额作为影响该个体的经济结构转型变量。同样的方法，本节在回归中还放入了人均GDP变量，当然本节采用CPI进行平减。

为了研究经济结构转型对性别教育差异的影响，本章构建了服务业份额和男性虚拟变量的交互项。从历史来看，本节可以预料到男性的受教育程度要高于女性，但随着产业结构转型的不断进展，服务业份额不断提升，性别间的这种差距将会越来越小，在这种情况下，服务业份额和男性虚拟变量交互项应该显著为负，也就是说当交互项回归的结果显著为负时，本节的假说成立。考虑到本部分的被解释变量是一个1—7的有序变量，本节将采用order logit 模型，当然本节也报告了最小二乘回归的结果。

表5-12报告了基于中国2005年1%人口普查抽样数据的研究结果。前两列为Order Logit模型的回归结果，后两列是OLS模型的回归结果。为了稳健性考虑，本节还将微观个体6岁时所处省份的服务业份额变量换成微观个体出生时所处省份的服务业变量。第（1）列和第（3）列放入的服务业份额变量和人均GDP变量是微观个体6岁时对应的变量，第（1）列和第（4）列则是微观个体出生年份相对应的变量。结果发现，男性虚拟变量的系数显著为正，服务业份额变量和人均GDP对数变量的系数也均显著为正，这说明平均而言，男性的受教育程度要显著高于女性，服务业份额增加和收入水平的提高都

会带来个体受教育水平的提高。再来看男性虚拟变量和服务业份额的交互项，结果发现四列的系数均为负，且均在1%水平下显著。这说明服务业份额的提高会缩小性别之间受教育程度的差异，也就是说产业结构转型会缩小性别教育差异。特别需要说明的是，第二列和第四列交互项的结果与第（1）列和第（3）列完全一致，这说明选择个体出生年份的地区服务业份额和个体6岁时地区的服务业份额，对本节的结果并无影响。

表 5-12　中国 2005 年 1% 人口普查抽样数据的回归结果

解释变量	被解释变量：edu			
	（1）ologit	（2）ologit	（3）OLS	（4）OLS
han	1.280***	1.233***	0.431***	0.411***
	(0.00925)	(0.00935)	(0.00345)	(0.00349)
urban	2.826***	2.820***	1.151***	1.149***
	(0.00872)	(0.00876)	(0.00289)	(0.00290)
age	0.658***	0.696***	0.246***	0.262***
	(0.00947)	(0.00902)	(0.00360)	(0.00342)
age_sq	-0.0129***	-0.0141***	-0.00474***	-0.00522***
	(0.000196)	(0.000189)	(7.46e-05)	(7.18e-05)
nosibs	0.247***	0.270***	0.127***	0.135***
	(0.00876)	(0.00883)	(0.00339)	(0.00341)
male	0.573***	0.459***	0.208***	0.166***
	(0.0287)	(0.0374)	(0.0109)	(0.0142)
ser	0.0226***		0.00778***	
	(0.00105)		(0.000400)	
lninc	0.535***		0.211***	
	(0.00638)		(0.00245)	
male×ser	-0.0136***		-0.00522***	
	(0.00124)		(0.000473)	
Lag6.ser		0.0424***		0.0142***
		(0.00131)		(0.000494)

续表

解释变量	被解释变量：edu			
	（1）ologit	（2）ologit	（3）OLS	（4）OLS
Lag6.lninc		0.431***		0.176***
		(0.00616)		(0.00237)
male×Lag6.SER		-0.00962***		-0.00373***
		(0.00182)		(0.000690)
Observations	444865	439968	444865	439968
Pseudo R2	0.1703	0.1684		
R-squared			0.375	0.372

注：han 表示是否为汉族，urban 表示是否为城市户口，age 和 age_sq 分别表示年龄和年龄平方，male 表示是否为男性，Nosibs 表示是否为独生子，Ser 表示个体 6 岁时当地服务业份额，Lag6.ser 表示个体出生年份当地服务业份额，lninc 表示个体 6 岁时当地人均收入对数，Lag6.lninc 表示个体出生年份当地人均收入对数。括号中为标准误，＊代表10％显著水平，＊＊代表5％显著水平，＊＊＊代表1％显著水平。

至此，本节用中国的微观调查数据证明了本节的假说，这说明产业结构转型对性别教育差异的影响对中国——世界最大的发展中国家——也是适用的。

（三）影响机制：服务业发展对性别教育回报的影响

前文模型里产业结构转型缩小性别教育差异的主要机制是服务业发展带来了女性教育回报的上升，缩小了性别间的教育回报差距，从而导致女性加大对教育的投资，最后使得性别教育差异不断缩小。由于数据的限制，本章无法获取各国的微观数据来验证服务业发展对性别间的教育回报差异的作用。但本章可以利用中国的微观大样本数据来检验服务业对性别间教育回报差异的影响。因此，本部分采用中国 2005 年的 1％人口普查抽样数据，利用明瑟方程来检验这种作用机制。

中国 2005 年的 1％人口普查抽样数据报告了被访问者上个月的月工资，并且还报告了上周的工作小时数，本章可以通过这两个变量计算出被访问者的小时工资，并采用小时工资对数作为本章的被解释变量，采用明瑟方程来度量教育回报。回归方程可以具体描述为：

$$\text{lnwage} = \beta_0 + \beta_1 \text{male} + \beta_2 \text{edu} + \beta X + \varepsilon; \quad (5-7)$$

其中 lnwage 表示被访问者的小时工资对数，表示男性虚拟变量，male 表示被访问者的教育程度，X 表示其他影响工资的变量，ε 表示残差。这样 edu 的回归系数 β_2 可以用来衡量教育回报。为了测算性别间的教育回报差异，本节可以在回归中放入和的交互项，此时明瑟方程变为：

$$\text{lnwage} = \beta_0 + \beta_1 \text{male} + \beta_2 \text{edu} + \beta X + \delta_1 \text{male} \times \text{edu} + \varepsilon; \quad (5-8)$$

若 δ_1 为正，则表示男性的教育回报要大于女性。

本部分要研究产业结构转型对性别教育回报差异的影响，采用三重差分的方法，在式（5-8）的基础上继续放入交互项，回归方程可以描述为：

$$\text{lnwage} = \beta_0 + \beta_1 \text{male} + \beta_2 \text{edu} + \beta_3 \text{ser} + \beta X + \delta_1 \text{male} \times \text{edu} + \delta_2 \text{male} \times \text{ser} + \delta_3 \text{edu} \times \text{ser} + \lambda \text{male} \times \text{edu} \times \text{ser} + \varepsilon; \quad (5-9)$$

其中 λ 表示 male×edu 与 ser 交互项的系数，如果这个系数为负，则表示随着服务业份额的上升，女性教育回报差异上升，性别间的教育回报差异变小。

表 5-13 报告了式（5-8）和式（5-9）的回归结果。在列（1）中，男性虚拟变量和受教育程度的系数均为正，表示男性的工资要普遍高于女性，教育程度越高，工资越高。在列（1）中 male×edu 的系数也为正，并且在 1% 水平下显著，这表示男性的教育回报要远远高于女性。在列（2）中，继续放入多个交互项，以测算服务业发展对性别教育回报差异的影响。结果发现，在列（2）中，male×edu 的系数依然为正，但 male×edu×ser 的系数为负，且在 1% 水平下显著，这就验证了产业结构转型缩小性别教育差异的作用机制，即服务业发展会缩小性别教育回报，从而导致女性加大对教育的投资，进而缩小性别间的教育差距。

表 5-13　　　　　　　　产业结构转型与性别教育回报

解释变量	被解释变量：小时工资对数	
	（1）	（2）
urban	0.103***	0.0959***
	(0.00190)	(0.00190)
age	0.0191***	0.0194***
	(0.000363)	(0.000361)
age_sq	-0.000211***	-0.000219***
	(4.44e-06)	(4.43e-06)
health	0.123***	0.123***
	(0.00447)	(0.00446)
marrige	0.0434***	0.0464***
	(0.00184)	(0.00184)
lninc	0.334***	0.320***
	(0.00120)	(0.00121)
male	0.138***	0.101***
	(0.00322)	(0.0224)
edu	0.188***	-0.128***
	(0.000897)	(0.00461)
ser	0.00255***	-0.0229***
	(0.000105)	(0.000398)
edu × male	0.00832***	0.0302***
	(0.00104)	(0.00630)
edu × ser		0.00772***
		(0.000111)
male × ser		0.00104*
		(0.000554)
edu × male × wer		-0.000558***
		(0.000153)
Job type	Yes	Yes
Constant	-3.572***	-2.389***
	(0.0183)	(0.0248)

续表

解释变量	被解释变量：小时工资对数	
	（1）	（2）
Observations	1311240	1311240
R-squared	0.506	0.509

注：括号中为标准误，*代表10%显著水平，**代表5%显著水平，***代表1%显著水平。

需要重点说明的是，在列（2）中 edu 和 ser 的系数均为负，与第一列完全相反，这可能是因为在列（2）中放入了很多交互项，而这些交互项是与 edu 或 ser 相关的，这会导致这两个系数为负。

第六节　总结与讨论

本章的主要贡献是在理论分析的基础上，搜集了 103 个国家 1970—2013 年的面板数据，实证估计结果支持了本章的理论假说。本章还采用自然资源租金占 GDP 比重和总消费率这两个变量作为服务业份额的工具变量以克服内生性，除此之外，本章还采用中国 2005 年的 1% 人口普查抽样数据来检验服务业份额对中国性别教育差异的影响，并利用该数据验证了服务业发展对性别间教育回报差异的影响，检验了服务业发展缩小性别教育差异的作用机制。稳健性检验均验证了本章的理论假说，即一国的服务业发展会带来性别教育差异缩小。而这也是服务业发展对劳动市场女性角色的一个长期影响。

除此之外，本章的结论对于人口老龄化背景下的中国经济增长和男女平等都有重要启示。首先，中国计划生育政策带来的人口老龄化一个最直接的结果就是中国经济将会面临劳动供给短缺的严峻考验，改革开放以来推动中国经济增长的人口红利优势将逐渐消失。然而随着经济结构转型的不断深入，服务业将得到大力发展，可以预料到更多的女性将接受更多的教育，这会提高女性的劳动供给质量，缓解人口老龄化带来的劳动力短缺问题。因此,要加快结构转型,着力改变中国服务业滞后的问题,特别是大力发展凸显女性脑力劳动比较优势的现代服务业,以女性高质量的劳动供给来弥补人口老龄化带来的劳动力短缺问题。其次,由于历史和文化的原因,男尊女卑的思想在现代中国依然存在,性别歧视广泛存在于各个领域,性别教育机会的不均等现象在一些落后地区依然存在,特别是在农村,这一现象尤为严重。但经济结构转型是中国经济发展的一个必然趋势,尽管现在中国服务业发展偏慢,但可以预见在未来的几十年里,随着居民收入水平的提高,中国居民对服务业的需求将更为旺盛,这在一定程度上会促进中国服务业的发展,从而会缩小性别间的教育差异,进而不断解放女性,提高女性的地位,减少性别歧视[1],促进男女平等。

---

[1] 黄志岭和姚先国(2009)研究发现,女性受教育程度的提高降低了妇女在劳动力市场中受到歧视的程度。

第六章 中国市场化改革能解释劳动市场性别差异扩大吗

第一节 引言

本书在第三章提出了中国产业结构转型过程中劳动市场性别差异之谜,接着在第四章和第五章基于产业结构转型,从劳动需求和供给两个方面研究分析了中国产业结构转型对劳动市场性别差异的影响,验证了中国的产业结构转型也会缩小劳动市场性别差异,只是由于目前中国服务业发展相对滞后,劳动市场性别差异的缩小作用较小,不能够左右中国劳动市场性别差异时间趋势的大方向。第三章提出的中国劳动市场性别差异之谜的主要内容是中国劳动市场性别差异有逐渐扩大的趋势,劳动参与率的性别差异从1982年的13.77%上升到2010年的14.43%,而性别工资比也从1989年的80.46%下降到2011年的79.92%,中国劳动市场性别差异存在小幅扩大趋势。因此,本书从本章开始解释这种性别差异扩大趋势的原因。

很多学者已经注意到了中国劳动市场的性别差异有不断扩大的趋势,并开始解释中国的这一独特现象。他们主要从市场化改革的角度探讨了中国劳动市场的性别差异(Meng, 1998; Liu et al., 2000; Maurer-Fazio and Hughes, 2002; 李实和古斯塔夫森, 1999; Rozelle et al., 2002)。他们的主要思想是,从1949年中华人民共和国成立到改革开放前夕,中国实行了几十年的计划经济,中国经济制度的基础是生产资料的社会主义公有制，即全民所有制和劳动群众集体所有制。在这种经济体制下，企业的领导层或管理层是由政府部门任命的，并且企业的领导层或管理层接受政府的指令进行生产，生产的权限较小，更没有自由雇用员工和自由发放工资的权利。但在1978年改革开放以来，中国市场化改革不断深化，并将中央集中的决定权下放到地方和企业，不断涌现的私有企业和部门的所有者对生产自负盈亏，也拥有了对企业生产决策更多的权利，同时，也增加了企业管理者歧视的权利，这可能会导致中国劳动市场性别差异扩大。但同时市场化改革也会促进企业竞争，降低劳动市场的性别歧视，从而缩小劳动市场的性别差异。如果其他条件一样，若企业管理层的工资与企业利润直接挂钩，则这些管理层会减少歧视。因此，市场化改革会给中国劳动市场性别差异带来正负两个相反方向的影响。

基于此，本章全面回顾了以往文献对市场化改革影响劳动市场性别差异的研究，并通过改善数据和更新市场化改革评价指标研究了中国市场化改革对劳动市场性别差异的影响，以探求中国的市场化改革是否能够解释中国出现的劳动市场性别差异扩大的趋势。

第二节 中国市场化改革进程及相关文献综述

从1949年中华人民共和国成立到改革开放以前，中国女性的全员劳动参与在努力推动女性社会地位的几十年里发挥了重要作用（Croll，1983）。1949—1978年，城镇女性就业份额从7.5%快速上升到32.9%（NBS，1990，p.9）。大多数女性都能够从事全职工作，并能够享受与男性同等的待遇。然而在这一时期，性别隔离是普遍的，女性大多集中在拥挤的文书行业和低级别的行政职业，以及人数过多的城镇集体企业，这些企业的待遇远远低于国有企业（Ngo，2002）。国家的进口替代发展战略强调资本密集型的重工业，而忽视了劳动密集型的轻工业和商业服务。在实施这一战略前，许多妇女别无选择，只能从事那些与男性相比在生理上处于绝对劣势的工作，譬如一些蓝领就业岗位需要物理强度,而女性只能选择这些蓝领工作。这种性别隔离和技术错配导致了性别之间劳动生产率的一定差异,但这种差异并没有完全表现在劳动工资上,这是因为当时的工资结构是由中央决定的,粗略地按照教育水平、资历和从事行业进行发放的,并没有体现劳动生产率(Korzec,1992)。因此,在改革开放之前,中国的性别工资差异普遍低于世界其他国家也就不足为奇了。

1978年开始,中国开始进行市场化改革。早期的经济改革主要集中在重建对管理者和工人的激励,鼓励非国有部门的发展,推动制造业出口和吸引外资。经济决策也开始不断放权,中央的决定权开始全面地让渡给地方和企业。此时,固定的工资制度也被有弹性的工资制度取代,而这种有弹性的工资制度将工人的工资与工人的表现和企业的利润紧密联系起来。然而,政府仍然依赖于国有企业的就业来缓冲城镇工人的失业,国有企业管理也不允许开除员工。在这一时期,中国的性别工资比平稳下降,从1988年的85%下降到1995年的82%(E. G. Gustafsson and Li,2000)。城镇女性就业份额从1978年的32.9%快速上升到1995年的37.4%,其中70%的上升幅度发生在国有部门(Dong et al.,2006)。女性就业的扩大甚至可以等同于国有企业剩余劳动力的增长。Dong和Putterman(2003)的估计结果显示,在20世纪90年代早期,国有企业有20%—40%的劳动力是多余的。

20世纪90年代,中国的市场化改革开始加速。1992年,中央政府正式批准了私有产权,并开始启动国有企业的所有权改革。1994年通过了新的劳动法,该劳动法规定了认可雇主解雇工人的权利。1997年,政府启动了一个大规模的劳动力裁员项目以重振国有企业,这导致1998—2002年2800万人之多的国有企业员工被裁员(Dong and Xu,2005)。研究显示,这些被裁者主要是妇女和蓝领工人(Appleton et al.,2002;Giles et al.,2006)。

市场化改革会带来两个方面完全相反的影响。一种影响是市场化改革会促进企业竞争,降低劳动市场的性别歧视,从而缩小劳动市场的性别差异。Becker(1971)指出,当工人能够自由选择雇用者时,那些倾向于歧视的企业会给予其喜好的工人大于其边际收益产品,而给予其厌恶的工人小于其边际收益产品,这会导致企业面临很大的成本劣势。成本劣势不仅来自对喜爱工人的过多报酬,还来自因为歧视导致的高技术工人的流失。如果其他条件一样,若企业管理层的工资与企业利润直接挂钩,则这些管理层会减少歧视。

另外一种完全相反的影响是中国的市场化改革将中央集中的决定权下放到地方和企业,这增加了企业管理者歧视的权利。与此同时,市场化改革也强化了管理者在企业的成本利益承担,他们需要更加关注企业成本,并且不可避免地接受劳动力自由选择企业和离开企业的风险。如果管理者与改革前的工资标准相比,歧视程度加深,则市场化改革将导致性别歧视扩大。因此,问题就变成了更自由的部门性别工资差异与传统部门相比是缩小了还是扩大了。一些经验研究也证明了这种机制。Brainerd(1998)研究发现,在俄罗斯的自由化改革中,俄罗斯的工资差距扩大了将近一倍,女性与男性的工资比从1991年的79.5%下降为1994年的63.5%。在中欧和东欧国家转型经济的性别工资差异比较中,Brainerd(1997)发现在俄罗斯和乌克兰较大,但在波兰、匈牙利、斯洛文尼亚、保加利亚和捷克共和国较小。她认为这些国家性别工资差异的巨大不同主要是因为工资决定权下放程度的不同,而不是因为各国之间宏观经济形势的差异。

市场化改革到底是促进了中国劳动市场性别差异的缩小还是扩大了中国的性别歧视,这一问题已经引起了国内外部分学者的关注,大多数研究主要是基于对个人样本数据的分析。在这些研究中,性别歧视被定义为男女工资差异中不能被年龄、教育程度、经验等可观测的人力资本特征所解释的部分。一些研究通过比较不同市场化程度的部门和领域之间的性别工资差异中未被解释部分的大小研究市场化改革对性别工资差异的影响,如 Meng(1998)和 Liu 等(2000)发现在市场化程度更高的部门,性别工资差异中未被解释的部分所占的比重较小,市场化改革提高了女性的经济地位。但 Maurer-Fazio 和 Hughes(2002)的结论相反,他们发现工资差异中未被解释部分在市场化程度最高的部门最大,但通过对工资结构的进一步分析发现,这并不意味着市场化改革导致对妇女歧视程度的加强。还有一些研究通过比较性别工资差异中未被解释部分的时间变化趋势研究改革对性别工资差异的影响,如李实和古斯塔夫森(1999)用1988年和1995年大样本入户调查数据比较了妇女相对收入地位的变化,发现尽管样本期间收入性别差异的增长是有限的,但在市场化程度较高的地区和部门女性职工的相对收入地位的下降幅度更大。Rozelle等(2002)对相同的样本期间的数据研究表明,尽管在样本期间性别工资差异扩大,但改革政策和竞争的加剧并未对性别工资歧视产生任何影响。

第三节　市场化改革与劳动市场性别歧视:基于国有部门和非国有部门分类的研究

一　Blinder-Oaxaca 工资分解方法

Blinder-Oaxaca 工资分解方法是 Blinder (1973) 和 Oaxaca (1973) 提出的,经常用于研究分析劳动市场工资性别差异组成的方法。这种方法将性别工资差异分为两部分,一部分是可以用生产率特征解释的部分,如教育水平和工作经验;另一部分不能被这种生产率特征的性别差异解释,经常被用来衡量性别歧视导致的差异,但它也涵盖了未观察到特征的性别差异。

根据 Oaxaca 分解方法,本文定义男性的平均工资为 $\overline{W}_m$,女性的平均工资定义为 $\overline{W}_f$,男性和女性的平均工资主要取决于他们可以观察到的一些特征变量的均值 $\overline{X}_m$ 和 $\overline{W}_f$,即:

$$\ln \overline{W}_m = \overline{X}_m b_m$$

$$\ln \overline{W}_f = \overline{X}_f b_f$$

其中 b_m 和 b_f 分别是男性和女性对于工资函数估计系数的列向量,同样地, $\overline{X}_m$ 和 $\overline{X}_f$ 分别是对应的工资函数回归因子均值的行向量。由上两式可以推出,男性和女性的工资差异可以表示为:

$$\ln \overline{W}_f - \ln \overline{W}_f = (\overline{X}_m - \overline{X}_f) b_m + \overline{X}_f (b_m - b_f)。$$

如果用歧视系数 D 来衡量性别歧视的程度,则

$$\hat{D} = \frac{(\overline{W}_m/\overline{W}_f) - (\overline{W}_m/\overline{W}_f)^*}{(\overline{W}_m/\overline{W}_f)^*}$$

其中，$\overline{W}_m/\overline{W}_f$ 是观察到的性别工资比，而 $(\overline{W}_m/\overline{W}_f)^*$ 是没有歧视情况下的性别工资比。

如果假设 $(\overline{X}_m - \overline{X}_f) b_m$ 是不存在歧视情况下性别工资比的自然对数的代理变量，则：

$$\ln(\overline{W}_m/\overline{W}_f) = (\overline{X}_m - \overline{X}_f) b_m$$

则歧视系数可以表示成 $\hat{D}_1 = \exp\{\overline{X}_f (b_m - b_f)\} - 1$

如果采用 $(\overline{X}_m - \overline{X}_f) bf$ 来作为不存在歧视情况下性别工资比的自然对数的代理变量，则歧视系数可以表示成：$\hat{D}_1 = \exp[\overline{X}_m (b_m - b_f)] - 1$

当 $(\overline{W}_m/\overline{W}_f)^*$ 能够利用男性工资回归系数估计时，$\hat{D}_1$ 作为估计出的性别歧视系数，而当 $(\overline{W}_m/\overline{W}_f)^*$ 能被女性工资回归系数估计时，$\hat{D}_2$ 则能用来衡量性别歧视的程度。

二 实证分析结果

一些经济文献开始关注中国劳动市场性别差异扩大的问题，并从市场化改革上寻找原因（Meng，1998；Liu，Meng and Zhang，2000；Maurer–Fazio and Hughes，2002；李实和古斯塔夫森，1999；Rozelle et. al.，2002），Maurer–Fazio and Hughes（2002）也采用 Blinder–Oaxaca 工资分解方法来研究中国的市场化改革是否扩大了中国劳动市场的性别歧视，结果他们发现中国的市场化改革可以解释中国劳动市场的性别歧视。但他们所用的数据只有一年，并且还是1992年搜集的情况，并不能解释中国自改革开放以来劳动市场性别歧视变化情况，因此也不能解释劳动市场的性别差异。本节在数据上完善并解决了这一问题，本部分共使用两种数据来研究市场化改革对劳动市场性别歧视的影响。第一种取自中国健康与营养调查数据库（CHNS），数据的时间跨度为1989—2011年，是一种长面板数的微观数据。第二种是2005年全国1%人口抽样调查数据，是一种总样本达到250万份左右的横截面微观数据。

改革开放以来，中国经济不仅仍然存在大量的国有企业和集体企业，还存在着大量新型的混合所有制企业或私营企业。尽管国有企业和集体企业等公共部门在很大程度上保留了以往的经营模式和管理模式，但大量的混合所有制企业和私营企业在市场化改革洪流中竞争不断加强，这些企业的管理者对企业的管理权也得到了很大程度的增加，他们在经营企业中自负盈亏，对企业员工的招录和工资发放也享有充分权利。因此，沿用 Maurer – Fazio 和 Hughes（2002）使用的方法，本节将利用所有制来衡量市场化改革带来的改变，具体而言，本节在研究 CHNS 数据时，将政府机关、国有事业单位和研究所、国有企业和集体企业的员工全部定义为公共部门员工，是受市场化改革影响较少的员工，这些机关单位和企业的管理者对员工的管理权受到政府的限制，不能过多地对女性产生歧视，而本节将私营企业等单位的员工归为非公共部门员工，非公共部门的员工受到市场化改革影响较大，这些企业的管理者对其单位的员工享有充分的管理权，不仅能自由招录员工，还能自由发放工资，但对本企业负责，需要自负盈亏。在 2005 年 1% 人口抽样数据里，被调查者的就业类型有具体的定义，且该数据库含有 250 万个观测值，本书可以更加具体地细分被调查者工作单位的类型，分为四类，即土地承包者、机关团体事业单位、国有及国有控股企业、集体企业和私营企业或个体户，其中土地承包者和私营企业或个体户是受市场化改革影响较大的工作类型。

表 6 – 1 采用 Blinder – Oaxaca 工资分解方法将 CHNS 数据全样本的被调查者的性别工资差异分为两类，即禀赋差异（生产率差异）和歧视差异。同时还报告了根据歧视差异计算的歧视系数。需要说明的是，在这里性别差异是男性工资对数均值减去女性工资对数均值，与前文所描述的性别工资差异是不同的。在 1989—2011 年的 20 多年里，中国性别工资差异是不断上升的，尽管中间有些年份存在小幅波动，但与前面的实证分析结果是一致的。再具体来看，中国性别差异主要来自歧视差异，禀赋差异并不明显，甚至在 2000 年以后，中国女性的禀赋特征所代表的生产率水平比男性略高，即在最近的十年，中国性别差异完全是由歧视差异造成的。

第六章　中国市场化改革能解释劳动市场性别差异扩大吗

表6-1　　　　　　　　　全样本性别工资差异分解

年份	性别差异	禀赋差异	歧视差异	歧视系数
1989	0.1949	0.0369	0.1580	0.1712
1991	0.2285	0.0455	0.1830	0.2008
1993	0.1976	0.0167	0.1809	0.1983
1997	0.2144	0.0093	0.2051	0.2276
2000	0.2047	-0.0165	0.2212	0.2476
2004	0.1757	-0.0202	0.1959	0.2164
2006	0.2477	-0.0073	0.2550	0.2905
2009	0.2960	-0.0416	0.3376	0.4016
2011	0.2457	-0.0275	0.2732	0.3142

注：本表在 Blinder-Oaxaca 工资分解中将被调查者的城镇户口、年龄、教育水平从事行业、工作类型和所属地区作为可以解释的变量。

资料来源：CHNS 数据。

表6-2 报告了 CHNS 数据里非公共部门被调查者的性别差异分解情况，而表6-3 报告了 CHNS 数据里公共部门被调查者的性别差异分解情况。前文报告过非公共部门是受市场化改革影响较大的部门，因此本节通过比较这两个表的性别差异和歧视差异来研究市场化改革对中国劳动市场性别歧视的影响，进而研究对劳动市场性别差异的影响。结果发现，除了1993 年以外，非公共部门的性别差异（见表6-2）远远大于公共部门的性别差异。再来看歧视差异，结果发现，非公共部门的歧视差异在任何一个年份（包括1993 年）都要大于公共部门的歧视差异，当然由此计算的歧视系数也要大于公共部门的歧视系数。具体来看，非公共部门的性别差异（见表6-2）从1989 年的0.2075 上升到2011 年的0.3171，而歧视差异更是从1989 年的0.1894 上升到2011 年的0.3464，进而导致了非公共部门的歧视系数也从1989 年的0.2085 上升到2011 年的0.4140，是1989 年的两倍左右。而公共部门的变化趋势与非公共部门完全不同（见表6-3），1989 年公共部门的性别差异为0.1811，但到2011 年仅为0.1316，有大幅缩小之势；1989 年公共部门的歧视差异为0.1393，2011 年也仅上升到0.1671。再来看歧视系数，1989 年公共部门的歧

视系数为 0.1495，到 2011 年上升到 0.1819，仅上升了不到 0.04。这说明中国的市场化改革带来非公共部门的性别工资差异和性别歧视开始加大，远远高于公共部门的性别工资差异和性别歧视，且公共部门的性别工资差异和性别歧视并没有明显增加。

表6-2　　　　　　　非公共部门性别工资差异分解

年份	性别差异	禀赋差异	歧视差异	歧视系数
1989	0.2075	0.0182	0.1894	0.2085
1991	0.3257	-0.0007	0.3264	0.3860
1993	0.1552	-0.0218	0.1770	0.1936
1997	0.2809	-0.0250	0.3059	0.3578
2000	0.2521	-0.0473	0.2994	0.3490
2004	0.2403	-0.0483	0.2886	0.3346
2006	0.3452	-0.0058	0.3510	0.4205
2009	0.3426	-0.0515	0.3941	0.4830
2011	0.3171	-0.0293	0.3464	0.4140

注：本表在 Blinder - Oaxaca 工资分解中将被调查者的城镇户口、年龄、教育水平从事行业和所属地区作为可以解释的变量。

资料来源：CHNS 数据。

表6-3　　　　　　　公共部门性别工资差异分解

年份	性别差异	禀赋差异	歧视差异	歧视系数
1989	0.1811	0.0419	0.1393	0.1495
1991	0.1970	0.0465	0.1504	0.1623
1993	0.1885	0.0135	0.1750	0.1912
1997	0.1904	0.0237	0.1667	0.1814
2000	0.1780	0.0219	0.1562	0.1691
2004	0.0894	-0.0166	0.1060	0.1118
2006	0.0963	-0.0536	0.1500	0.1618
2009	0.2340	-0.0271	0.2611	0.2984
2011	0.1316	-0.0355	0.1671	0.1819

注：本表在 Blinder - Oaxaca 工资分解中将被调查者的城镇户口、年龄，教育水平从事行业和所属地区作为可以解释的变量。

资料来源：CHNS 数据。

第六章 中国市场化改革能解释劳动市场性别差异扩大吗

以上报告了基于 CHNS 数据研究的市场化改革带来的中国性别差异变化和性别歧视的变化。考虑到 CHNS 数据仅囊括了中国十个省左右，并且每个省份的被调查者也较少，并不能反映中国的总体情况，因此本章还利用 2005 年 1% 人口普查数据库来研究各种工作类型被调查者的性别差异和歧视差异。在 2005 年 1% 人口抽样数据里，被调查者的就业类型有具体的定义，且该数据库含有 250 万个观测值，本书可以更加具体地细分被调查者工作单位的类型，本节分为四类，即土地承包者、机关团体事业单位、国有及国有控股企业、集体企业和私营企业或个体户，其中土地承包者和私营企业或个体户是受市场化改革影响较大的工作类型。表 6-4 报告了基于 2005 年 1% 人口抽样调查数据研究的各种工作类型的被调查者的性别差异和歧视差异。结果发现，性别差异最大的是私营企业或个体户的被调查者，达到 0.3014，其次是土地承包者，最小的是机关团体事业单位的被调查者，仅为 0.0982。这五种类型工作单位的性别差异主要是由歧视差异造成的，歧视差异的大小排序和性别差异的大小排序完全一致，即私营企业或个体户的歧视差异最大，其次为土地承包者，最小的是机关团体事业单位。这个结果表明，受市场化改革影响最大的私营单位的性别差异和歧视差异要远远大于国有部门或集体企业。

表 6-4 基于 2005 年 1% 人口普查数据的性别工资差异分解

分工作类型	性别差异	禀赋差异	歧视差异	歧视系数
土地承包者	0.2706	0.0111	0.2595	0.2963
机关团体事业单位	0.0982	0.0184	0.0798	0.0831
国有及国有控股企业	0.1394	-0.0338	0.1732	0.1891
集体企业	0.1916	-0.0491	0.2407	0.2721
私营企业或个体户	0.3014	-0.0133	0.3148	0.3700

注：本表在 Blinder - Oaxaca 工资分解中将被调查者的民族、城镇户口、年龄、教育水平健康状况、婚姻状况和所属地区作为可以解释的变量。

资料来源：2005 年 1% 人口抽样调查数据。

综上所述，通过 Blinder - Oaxaca 工资分解方法将不同工作类型（主要是所有制的不同）的被调查者的性别工资差异分解为禀赋差异和歧视差异，结果发现，运用CHNS数据库和2005年1%人口抽样调查数据得到的结果是完全一致的，即私营部门的性别差异和歧视差异远远高于国有部门或公共部门，这是自1978年改革开放以来的市场化改革带来的，也就是说，中国的市场化改革带来了中国劳动市场的性别歧视，进而导致了劳动市场的性别差异。

第四节　市场化改革、性别歧视与劳动市场性别差异：基于市场化指数的研究

第三节的研究将中国非公共部门和公共部门的性别差异或歧视差异进行比较，或将不同所有制工作类型的性别差异或歧视差异进行比较，进而将具有私营性质工作类型的被调查者的性别差异或歧视差异归结为市场化改革带来的结果。本节采用另一种指标来衡量中国的市场化改革进度，即樊纲、王小鲁和朱恒鹏编制的各地区的市场化指数。樊纲、王小鲁和朱恒鹏从不同方面对各省、自治区、直辖市的市场化进程进行全面比较，使用基本相同的指标体系对各地区的市场化进程进行持续的测度，从而提供了一个反映市场化变革的稳定的观测框架；采用客观指标衡量各省、自治区、直辖市市场化改革的深度和广度，基本避免了主观评价，需要企业做出评价的指标是基于大样本的企业调查，力求最大限度地避免随机误差的影响，基本概括了市场化的各个主要方面，同时又避免了把反映发展程度的变量与衡量市场体制的变量相混淆。樊纲、王小鲁和朱恒鹏的市场化指数从1997年开始编制，现在已经出到2011年，得到了许多学者的认可。很多经济文献采用他们编制的市场化指数作为衡量各地区市场化程度的变量（如，孙铮等，2005；雷光勇和刘慧龙，2007；张爽等，2007；樊纲等，2011；周业安等，2004；韦倩等，2014）。

表6-5报告了2010年劳动参与率性别差异和市场化指数最高和最低五个省（区、市）的情况。性别工资差异最大的五个省（区、

市)分别为山西、天津、内蒙古、福建和黑龙江,有东部省(区、市),也有中部省(区、市),但并没有西部省(区、市)。性别工资差异最小的五个省(区、市)分别是广西、云南、甘肃、四川和贵州,全部都是西部省(区、市)。再来看市场化指数的排序,市场化指数排序最高的依次是浙江、江苏、上海、广东和北京,这些省(区、市)没有一个在性别差异最大的5个省(区、市)里,这说明劳动参与率性别差异较大的省(区、市)并不一定就是市场化程度较高的省(区、市)。市场化指数最低的5个省(区、市)是青海、甘肃、新疆、贵州和云南,其中有3个省(区、市)在性别差异最小的省(区、市),且另外两个性别差异比较小的省(区、市)的市场化指数也比较低,这说明劳动参与率小的省(区、市)市场化程度也较低。综上所述,劳动参与率性别差异较大与市场化程度并无多大关系,但劳动参与率性别差异较小却与市场化程度有关,这就是说劳动参与率性别差异较小可能是因为这些省(区、市)还保持着以前较低的市场化程度,但劳动参与率性别差异较大却并不主要是因为这些省(区、市)的市场化改革。当然,具体的关系还需要计量回归来求证。

表6-5　　　　2010年劳动参与率性别差异和市场化
最高和最低五个省(区、市)情况

最高5个省(区、市)				最低5个省(区、市)			
省(区、市)	性别差异	省(区、市)	市场化	省(区、市)	性别差异	省(区、市)	市场化
山西	25.78	浙江	12.04	广西	7.53	青海	3.16
天津	22.90	江苏	11.98	云南	8.28	甘肃	5.04
内蒙古	22.74	上海	11.11	甘肃	9.46	新疆	5.31
福建	19.80	广东	10.57	四川	9.61	贵州	5.72
黑龙江	19.48	北京	10.43	贵州	10.66	云南	6.28

本节主要研究各地区市场化程度对该地区劳动市场性别差异的影响,具体而言,本节研究各地区市场化指数对该地区劳动参与率性别差异的影响,对性别工资差异的影响以及对性别歧视的影响。表6-6报告了市

场化指数对劳动参与率的性别差异的影响。需要说明的是，市场化指数从1997年开始编制，现在已经出到2011年。但本章的分性别、分省份劳动参与率的数据主要来自几次人口普查数据，即1982年、1990年、2000年和2010年的人口普查数据，因此本章采用2000年和2010年的人口普查数据来计算这两年各地区劳动参与率的性别差异，采用男性劳动参与率减去女性劳动参与率来定义劳动参与率的性别差异，这个指标值越大，表示劳动参与率的性别差异越大。因为市场化指数在西藏地区有缺失，所以本章得到了两年总共60个观测值。考虑到居民收入水平的提高会减少居民的劳动参与，而对女性的减少要远远大于男性劳动参与率的减少，因此本章还考虑了各地区的人均GDP对数这个变量，另外还控制了地区和时间效应。表6-5结果显示，除了第（1）列以外，市场化指数的系数并不显著。而第一列显著是因为没有控制居民收入水平，也没有控制时间，而市场化指数和地区居民收入水平是呈正相关关系的，且市场化指数随着时间的推移，市场化指数在不断增加。因此，表6-6的结果说明市场化指数并不能解释中国各地区劳动参与率的性别差异，也就是说中国的市场化改革并不能解释中国劳动参与率的性别差异。

表6-6　　　　市场化指数对劳动参与率性别差异的影响

解释变量	被解释变量：劳动参与率性别差异			
	（1）	（2）	（3）	（4）
市场化指数	0.680***	0.242	0.0753	0.0234
	(0.122)	(0.241)	(0.352)	(0.298)
人均GDP对数		2.413**		3.765***
		(1.165)		(1.214)
地区	yes	yes	yes	yes
时间			yes	yes
Constant	9.617***	-10.02	12.16***	-21.09**
	(0.782)	(9.512)	(1.584)	(10.54)
Observations	60	60	60	60
R-squared	0.516	0.581	0.568	0.564

注：括号中为标准误，*代表10%显著水平，**代表5%显著水平，***代表1%显著水平。

接下来本节研究市场化指数对性别工资差异和歧视差异的影响。这里采用2005年1%人口抽样调查数据,之所以采用2005年1%人口抽样调查数据,是因为该数据的样本量足够大,有将近250多万个观测值,并且全部覆盖了中国大陆的31个省(区、市),使本节能够在每一个省(区、市)计算出当地的性别工资差异和歧视差异。需要说明的是,这里使用的市场化指数数据和上面一样也采用樊纲、王小鲁和朱恒鹏测算的市场化指数,当然时间上采用2005年的数据。表6-6报告了2005年性别工资差异、歧视差异和市场化指数最高和最低五个省(区、市)的情况。性别工资差异最大的五个省市分别为山西、河北、江西、江苏和福建,有东部省市,也有中部省(区、市),但并没有西部省(区、市)。性别工资差异最小的五个省(区、市)分别是天津、北京、广西、上海和西藏,其中天津、北京和上海是中国东部地区的三个直辖市,而广西和西藏是中国的西部省(区、市)。歧视差异最大的五个省(区、市)的情况与性别差异最大的五个省(区、市)基本相同,但歧视差异最小的五个省(区、市)和性别差

表6-7　　2005年性别工资差异、歧视差异和市场化指数
最高和最低五个省(区、市)情况

省(区、市)	性别工资差异	省(区、市)	歧视差异	省(区、市)	市场化指数
最高五个省(区、市)					
山西	0.6628	山西	0.5374	浙江	9.57
河北	0.5323	浙江	0.4022	广东	9.04
江西	0.5025	江西	0.3921	上海	8.97
江苏	0.4723	福建	0.3657	天津	8.65
福建	0.4694	河北	0.3560	江苏	8.6
最低五个省(区、市)					
天津	0.1567	海南	0.1215	青海	3.09
北京	0.1986	广西	0.1260	甘肃	4.32
广西	0.2120	云南	0.1291	陕西	4.37
上海	0.2279	贵州	0.1459	宁夏	4.47
西藏	0.2324	甘肃	0.1551	贵州	4.61

异就完全不一样了，海南、广西、云南、贵州和甘肃是2005年中国歧视差异最小的省（区、市），除了海南以外，其他全部都是西部省（区、市）。再来看市场化指数，2005年中国市场化指数最高的五个省（区、市）分别是浙江、广东、上海、天津和江苏（北京排名第六），全部都是东部省（区、市），且这些地区的经济发展和居民收入水平在全国也是位列前茅；市场化指数最低的五个省（区、市）分别是青海、甘肃、陕西、宁夏和贵州（西藏数据缺失，所以没有纳入排序），这些省（区、市）全部是中国的西部地区，经济发展水平和居民收入水平也是非常低的。从表6-6可以发现，无论是性别工资差异还是歧视差异，与市场化指数的关系并不是很大。当然更确切的结论还需要计量回归来求证。

表6-8报告了市场化指数对性别工资差异和歧视差异的影响。第（1）列报告了市场化指数对性别工资差异的影响，这里的性别工资差异用男性工资对数减去女性工资对数衡量。第（2）列报告了市场化指数对歧视差异的影响，这里的歧视差异是按照第三节Blinder-Oaxaca的工资分解方法求得的各省（区、市）歧视差异。表6-8显示，第一列市场化指数的系数为负，第二列市场化指数的系数为正，但两列的系数均不显著，这说明市场化指数并不能解释各省（区、市）的性别工资差异，也不能解释各省（区、市）的歧视差异，也就是说中国的市场化改革并不能解释中国的性别工资差异，也不能解释其中的歧视差异。

表6-8　　市场化指数对性别工资差异和歧视差异的影响

解释变量	(1) 性别差异	(2) 歧视差异
市场化指数	-0.00385 (0.0130)	0.00962 (0.0109)
Constant	0.390*** (0.0849)	0.193** (0.0712)
Observations	30	30
R-squared	0.003	0.027

注：括号中为标准误，*代表10%显著水平，**代表5%显著水平，***代表1%显著水平。

综上所述，本书运用中国省级面板数据或横截面数据，采用市场化指数来衡量各省（区、市）的市场化改革程度来研究中国市场化改革对劳动参与率的性别差异的影响，以及对性别工资差异的影响，包括歧视差异的影响，但结果发现，中国市场化改革并没有带来中国劳动市场性别差异的扩大，也没有带来性别歧视的扩大，这一结果与第三节中的结果完全不同。

第五节　总结与讨论

从 1949 年中华人民共和国成立到改革开放前夕，中国大力推行男女平等的政策，并规定同工同酬，在计划经济时代，中国国有企业受到中央政府的支配，国有企业在经营上必须配合政治上男女平等的政策，国有企业的管理者没有足够的权限自由雇用工人或根据企业利润和工人表现发放工资，这导致中国改革开放以前劳动市场性别差异相对较小。而在 1978 年以后，随着改革开放的进行，中国劳动市场性别差异开始逐渐扩大，因此很多学者讨论了中国的市场化改革是否深刻影响了中国劳动市场的性别差异，结果观点分为两派，第一种观点认为，中国的市场化改革释放了企业管理者的性别歧视态度，企业管理权限的不断下放使这些管理者可以自由雇用工人和发放工资，这导致了在招录工人和发放工资时女性受到了歧视；第二种观点认为，市场化改革使中国市场竞争日益激烈，根据 Becker（1971）的竞争歧视理论，中国劳动市场性别歧视应该越来越小，进而会导致中国劳动市场性别差异不断缩小。接着本章检验了市场化改革对中国劳动市场性别差异的影响。

本章采用两种方法作为中国市场化改革的代理变量，第一个是将非公共部门或者私有部门作为市场化改革变量，因为这些企业是市场化改革之前没有的所有制企业，而将传统的公共部门或国有部门作为对照，这些企业在中国计划经济时代就已经存在，本章采用 Blinder – Oaxaca 工资分解方法将性别工资差异分解为禀赋差异和歧视差异，结果发现，非公共部门或者私有部门的性别工资差异都要远远高于公共部门或者国有部门，除此之外，非公共部门或者私有部门的歧视差异也要远远高于公共部门或者国有部门，且中国的性别工资差异主要是由歧视差异构成的，与禀赋差异关系不大。接着本章更换市场化改革的代理变量，采取樊纲、王小鲁和朱恒鹏编制的中国30个省（区、市）的市场化指数来衡量各地区不同程度的市场化改革。在这里，本章按照地区来衡量市场化改革的不同进程，结果发现，市场化指数既不能解释中国劳动参与率的性别差异，也不能解释中国的性别工资差异，更不能解释性别工资差异中的歧视差异。综合以上两种检验方法的结果，说明中国市场化改革扩大了中国劳动市场性别差异的结论并不稳健，这一结论非常依赖选取衡量市场化改革的变量，当选取不同所有制的企业作为衡量市场化改革的代理变量时，能够得到中国市场化改革扩大了中国劳动市场性别差异的结论，但当选取市场化指数作为衡量市场化改革的代理变量时，就得不到这一结论，市场化改革对中国劳动市场性别差异没有显著影响，并不能解释目前中国劳动市场存在的性别差异。

　　事实上，将不同所有制企业作为衡量中国市场化改革的代理变量，研究分析不同所有制企业员工的性别工资差异，以及性别工资差异分解出来的歧视差异，存在一些漏洞，并不能完全让人信服：首先，国有部门和私有部门的员工不是随机选择的，国有部门的员工在很多特征上显著不同于私有部门，如国有部门大多集中在大城市和城镇地区，而私有部门则可能在小城市，甚至农村地区，更重要的是，国有部门员工的受教育程度要明显高于私有部门。张车伟和薛欣欣（2008）研究发现，国有部门拥有大专及以上学历的人占29.53%，而非国有部门拥有大专及以上学历的人仅占2.77%，国有部门拥有中专或高中学历的人占40.07%，而在非国有部门这一数据仅为12.22%。由文献研究发现，随着受教育程度的提高，性别工资差异也会不断缩小（黄志岭和姚先国，2009）。因此，将国有部门和非国有部门的性别差异等价于市场化程度高的部门和市场化程度低的部门的性别差异很难让人信服。其次，国有部门和非国有部门的行业也不

第六章　中国市场化改革能解释劳动市场性别差异扩大吗

一样,譬如国有部门基本不包含农业部门,而家庭联产承包责任制下的农村居民都属于非国有部门,也属于农业部门,而农业部门对体力劳动要求较高,在农业部门性别差异会较其他对体力劳动要求较低的行业要大(Alesina et al., 2013),因此这也会导致国有部门员工的性别差异远低于非国有部门。因此,笼统地将国有部门和非国有部门的性别差异的比较作为市场化改革带来的性别差异是存在一些问题的,并不能让人信服。相比之下,将市场化指数作为衡量市场化改革程度的变量,研究各省(区、市)的劳动市场上的性别差异就能够避免以上问题。因此,从本章的研究来看,中国市场化改革扩大了中国劳动市场性别差异的结论是不稳健的,支持这一观点的研究方法将不同所有制的企业作为衡量市场化改革的代理变量存在很多漏洞,并不能让人信服。

然而,市场化指数的研究结果并未发现市场化改革会带来劳动市场性别差异扩大,但有可能存在市场化改革带来的某种改变或某个方面带来了中国劳动市场性别差异的扩大。这是因为本章所采用的市场化指数是一个综合指数,市场化指数包含很多指标,主要包括政府与市场的关系、非国有企业发展、产品市场发育、要素市场发育和中介组织发育等几个方面。市场化指数指标与劳动市场性别差异的不相关并不表明其中任何一指标也与性别差异无关,因此,本书将在第七章从劳动市场出发研究决定中国劳动市场性别差异扩大的原因[①]。

[①] 第七章将中国劳动市场性别差异扩大的原因归结为不断上升的流动人口数量,而中国流动人口的增加在很大程度上是由于中国市场化改革带来的劳动市场流动性增加造成的,如果拒绝市场化改革对中国劳动市场性别差异的解释,将与第七章的解释产生矛盾。但本章的结论只是表明综合的市场化指数无法解释劳动市场性别差异,考虑到市场化指数由很多指标构成,是一个综合评价体系,因此单独劳动市场市场化改革的结果会影响性别差异也是存在的,与本章的结论并不矛盾。

第七章 人口流动与"性别差异之谜"：基于家庭迁移的视角

第一节 引言

近半个世纪以来，随着世界各国和地区服务业的发展，这些国家和地区出现了一个新现象，即劳动市场上性别间的差异在不断缩小，主要表现在劳动参与率和性别工资差异两个方面（Goldin，1990；Blau and Kahn，1992、1996、2006；Rendall，2010；Wellington，1993；Goldin，2014）。以美国为例，美国的女性劳动参与率从1950年的32%上升到2005年的71%，而男性劳动参与率在这半个世纪里基本保持不变，且性别工资之比从1980年的59.0%上升到2005年的77%（Rendall，2010）。但中国在这方面却出现了另外一种情形，1982年，中国劳动参与率的性别差异为13.77%，但到2010年中国劳动参与率的性别差异为14.43%[1]，差异不仅没有缩小，反而有所扩大；通过对1989—2011年CHNS数据的整理，结果发现中国的性别工资差异也没有缩小。因此这构成了中国劳动市场"性别差异之谜"。

与此同时，自改革开放以来，中国开始逐渐放开户籍制度对人口流动的约束，同时加上中国各地区经济发展的不平衡和东部沿海地区

---

[1] 数据来源于人口普查数据。

工业的发展,大量农村剩余劳动力涌入东部沿海城市。随着21世纪中国对户籍制度的进一步放开,中国流动人口呈几何式的增长。在总人口数量基本不变的情况下,中国的流动人口数量从2000年的1.21亿增长到2012年的2.36亿[1],占总人口的17.43%,相比2000年增长将近一倍,中国流动人口已经膨胀成为中国人口的一个重要部分,中国流动人口的一些特征在很大程度上会决定中国人口的基本特征。中国流动人口的不断增长,包含男性流动人口的不断增长,也包含了女性流动人口的不断增长,与男性相比,女性流动人口的增长甚至超过了男性流动人口。2001年中国女性暂住人口与男性之比为69.75%,但到2010年,这一比例上升到71.41%[2]。

中国女性和男性人口在地区之间的流动或是城乡之间的流动并不是独立发生的,无论是女性还是男性在进行外出迁移的决策时都不能摆脱家庭赋予各自的角色。家庭中成员的外出迁移决定会相互影响,从而决定家庭整体利益考虑的迁移决策。移民的决策则主要取决于夫妻双方对家庭总收入的贡献,贡献大的一方能够决定移民的具体选择和决策。而男性工资对家庭的贡献一般来说远远大于女性,因此家庭移民决策主要取决于男性。这样男性主导的家庭移民就产生了"随迁家庭主妇"效应("trailing wife" effect),女性更多地成为被动移民者,这就限制了女性通过迁移增加工资的机会。因此,在家庭移民的人力资本模型的视角下,女性更多地被推定为"捆绑移民"(tied migrants)或随迁配偶(trailing spouse)。移民会降低女性的劳动参与率,进而降低女性的工资,但是并不会降低家庭的总收入,因为丈夫工资的增加会弥补这一损失,否则移民也就不会发生。

随着中国流动人口的不断增长,中国的"随迁家庭主妇"效应在各家各户会不断出现,中国就会源源不断地出现女性被动移民者,这会限制女性的整体就业机会,降低女性整体的劳动参与率整体的工资水平,最后导致中国性别工资差异扩大。这在一定程度上很好地解释

---

[1] 资料来源于相关年份《中国统计年鉴》。
[2] 资料来源于相关年份《中国人口年鉴》。

了中国劳动市场上的性别差异之谜。因此，本章试图研究并证实人口流动会扩大中国劳动参与率与劳动工资的性别差异。

第二节 相关文献综述

传统文献对劳动市场性别差异的解释主要分以下几个方面：第一是女性低下的劳动生产率是导致劳动市场性别差异扩大的主要原因。Carranzza（2014）运用土地的优劣不同和土地是否适合深耕种，研究了印度农业对女性劳动力的相对需求，因为深耕种需要更多的男性劳动力。她发现在印度适合深耕种的部分地区女性劳动参与率都普遍较低，性别比失衡更严重。然而随着中国服务业的发展，女性的体力劳动劣势会慢慢弱化，并不断体现出女性的脑力劳动优势，中国女性的劳动生产率会不断提高。

第二是高生育率和生育风险会导致女性没有更多精力用在生产劳动上，这会导致女性劳动参与率下降，并进而降低工资。Miller（2010）研究了哥伦比亚20世纪六七十年代大规模家庭计划生育运动的施行，发现避孕措施的可及性会推迟女性怀孕的年龄，增加她们的受教育程度和就业率。这个发现和Goldin and Katz（2002）的研究成果是一致的，他们发现口服避孕药改变了美国妇女的事业机会，使女性在法律和医药行业的就业成为可能，因为这些行业一般需要很多年的前期教育投资。但是中国自1980年以来开始严格施行计划生育政策，中国妇女的生育率开始不断下降，并且随着经济发展和医疗进步，妇女的生育风险也在不断降低。因此，生育原因也不能解释中国劳动市场的性别差异。

第三是性别歧视。Becker（1957）构建了一个男女在劳动市场能够完美替代的模型。他只是假设雇主由于偏见导致的对女性的歧视会导致雇主相比女性更愿意雇用男性。在均衡状态时，男性的工资大于女性，而男女工资的差异取决于歧视的系数。除此之外，Arrow（1972）、Phelps（1972）、Aigner和Cain（1977）发展了一个统计歧视的理论模型。他们认为，雇主尽管无法事前测量工人的生产率，但能通过对男女平均生产率的观察在选择工人时对女性产生歧视。在这一框架下,性别工资差异的不断缩小被解释成雇主对女性平均生产率估计的不断纠正。但是随着经济的发展和时代的进步,中国传统文化里的性别歧视思想也在不断弱化,不再可能成为中国劳动市场性别差异扩大的主要原因。

还有一种针对中国劳动市场性别差异扩大的解释认为,改革开放以来的市场化带来了劳动市场性别差异的扩大,因为在计划经济体制下工资结构单一,工资水平不能真实反映工人之间劳动生产率水平的差异,经济改革加强了经营者的利润动机,工资的制定与个人的劳动绩效联系更密切。由于男性和女性之间存在不能被人力资本特征所解释的真实劳动生产率的差异,因此改革扩大了性别工资差异(Maurer Fazio and Hughes, 2002;李实和古斯塔夫森,1999;Rozelle et al., 2002)。但一些学者针对这种解释提出了异议(Meng, 1998;Liu, Meng and Zhang, 2000),他们研究发现在市场化程度更高的部门,性别工资差异中未被解释的部分所占的比重较小,市场化改革提高了女性的经济地位。而且根据竞争抑制歧视理论(Becker, 1957),竞争的加剧将抑制性别歧视的产生,激烈的市场竞争有助于缩小性别工资差异,因此这一解释也并不能令人信服。

基于以上理论对中国劳动市场性别差异之谜解释的不足,本文提出了一个新的解释,即利用中国不断增长的流动人口来解释中国劳动参与率与劳动工资的性别差异。经济学对人口流动的研究可以分为两类。

第一类是研究个人层面下的人口流动,主要集中研究个人迁移的影响因素以及迁移的生命周期内的工资和收益回报(Bogue, 1959;Todaro, 1969;Stark, 1984;Stark, 1989;Stark and Taylor, 1989;Stark and Taylor, 1991;Bhandari, 2004;Quinn, 2006;Neumark and Postlewaite, 1998;王德文等,2008;王小鲁,2002;蔡昉等,2001;蔡昉和都阳,2002;陈芳妹和龙志和,2006;孙文凯等,2011;王湘红等,2012)。

第二类是研究家庭层面下的人口流动。经济学家最早系统研究家庭迁移(family migration)是在20世纪70年代,这可能是因为他们观察到了家庭移民率的降低和不断增加的女性劳动参与率的双重现象(Long, 1974)。接着 DaVanzo(1976)、Sandell(1977)和 Mincer

(1978）在人力资本理论（Sjaastad，1962；Becker，1974）的基础上各自发展了关于家庭迁移的相关理论：家庭决定是否迁移会根据家庭整体在迁移中得与失来决定，即家庭会加总家庭每一个成员（主要是夫妻双方）的成本或收益，然后比较家庭整体的收益和成本，通过家庭整体的成本收益分析来决定是否发生家庭迁移（family migration）。在只有夫妻双方的两人家庭，则迁移决定和迁移的回报取决于未来迁移的回报即未来丈夫和妻子的预期工资回报。在性别中性的人力资本模型里，迁移的决策则主要取决于夫妻双方对家庭总收入的贡献，贡献大的一方能够决定移民的具体选择和决策。

家庭迁移对女性产生了一系列负面影响，其中最值得关注的是"随迁家庭主妇"效应（"trailing wife"effect）。劳动市场的结构——包括劳动供给和劳动需求——限制了女性通过迁移增加工资的机会，因此，在家庭迁移的视角下，女性是被动迁移者，她们更多地成为"捆绑迁移者"（tied migrants）或随迁配偶（trailing spouse）。迁移会降低女性的劳动参与率，进而降低女性的工资，但是并不会降低家庭的总收入，因为丈夫工资的增加会弥补这一损失，否则移民也就不会发生。

Duncan 和 Perrucci（1976）构建了第一个性别中性的人力资本模型来检验夫妻双方的相对资源是如何影响移民决策的，他们还利用20世纪60年代中期具有大学文凭且持续工作的被调查者的样本数据来检验这一机制。他们发现夫妻双方中具有更大工资潜力的一方往往在移民决策中具有更强势的地位。在研究发生家庭移民的夫妻双方的一些就业和收入特征时，Duncan 和 Perrucci（1976）考虑了这些特征：(1) 妇女在家庭的工资份额；(2) 丈夫和妻子工作的优先权；(3) 丈夫和妻子从事行业的移民率；(4) 丈夫和妻子从事行业的就业率。他们发现如果丈夫的工作涉及更频繁的迁移，丈夫的工作地位越高，丈夫从事行业的失业率越高，家庭越会发生家庭移民。这说明家庭移民的决策更多的是建立在对男性的成本收益分析之上，相比之下，较少考虑女性的就业和收入的变化。

基于这些研究分析，Mincer（1978）认为家庭移民很可能会对女性的经济状况产生负面影响。事实上，在家庭内部，丈夫在市场上获取收益的能力会带来妻子更低的劳动参与率、更少的市场收益以及不断降低的人口流动回报。考虑到女性在家庭移民中所获取的小额收益，会使得女性在家庭移民中成为被动迁移者（tied movers），相反，男性在家庭迁移中成为主动迁移者。当然，妻子对家庭收入的贡献越大或者她的工作依附性越强，越会抑制家庭整体迁移。在此基础上，Frank（1978）构建了一个联合安置（joint placement）模型，在这个模型里，家庭在两期选择迁移地点来最大化家庭的整体收入。他利用这个模型量化了家庭迁移导致的不能解释的性别工资差异。

大量的经验证据已经证实了这些事实：家庭迁移带来的被动迁移降低了劳动参与率和就业率（E. G.，Cooke and Speirs，2005），而家庭中女性比男性更容易成为被动迁移者（E. G.，Bielby and Bielby，1992；Lichter，1982；Shi-hadeh，1991；Spitze，1986），迁移不仅降低了妇女的就业时间（E. G.，Cooke and Bailey，1996；Lichter，1980），还降低了她们的收入（E. G.，Cooke，2003；Jacobsen and Levin，1997；LeClere and McLaughlin，1997）。具体地，Boyle et al.（1999）利用20世纪90年代早期可以比较的英国和美国的跨国数据研究发现，在进行家庭移民后妇女会持续表现出失业状态。这一结果与Boyle等（2002）对英国和美国的研究结果是一致的，即使排除女性在家庭中承担的母亲职能的影响，Boyle等（2003）的研究结果也证实了家庭移民对妇女就业的负面影响。Shauman和Noonan（2007）利用美国个人层面、家庭层面和行业层面的数据，采用条件双重差分法证实了家庭移民对妇女就业工资的负面作用，进而增加了性别工资差异。

本章从家庭迁移的视角研究人口流动对中国劳动市场性别差异的解释。尽管国外已经有很多文献研究家庭迁移视角下的人口流动对女性劳动参与率和性别工资差异的影响，但国内对这方面的研究少之又少。蔡昉（1997）强调了迁移决策中家庭角色的重要性，他认为家庭迁移需要考虑家庭夫妻双方加总的收益和成本，然后经过成本收益分析来决定是否迁移和选择具体的迁移地点，但他的研究并没有更深一步分析家庭整体的迁移决定对弱势女性的影响。

第三节　家庭迁移与女性被动迁移

本章的核心观点是在家庭视角下人口流动抑制了女性的劳动参与率，并扩大了性别工资差异。这种影响机制在于家庭视角下发生的女性向外迁移行为要依赖于男性，女性的外出迁移行为不仅仅是外出务工的需要，而有很大一部分原因是家庭团聚的需要，这样女性外出迁移的时间和地点选择就需要配合丈夫的外出迁移决策，这样势必会导致女性的外出迁移并不能给女性带来有效的、更好的工作机会，也就是说，迁移对她们工作环境的改善程度要远远低于男性，这导致了女性外出迁移的行为并不能给她们带来更多改善的工作机会，也就不能带来她们劳动参与率的提高，也不能缩小性别工资差异。这一机制的关键和前提是女性的外出务工行为依赖于男性，如果女性的外出务工行为是独立自主的，与男性没有关系，则以上的结论无法成立，因此，在这里有必要验证这一机制的前提，即女性的外出务工行为并不是独立自主的，而是依赖于丈夫的外出务工决策。

本章所用数据来自农业部农村固定观察点办公室的调查数据（简称RCRE数据库）。该数据包括2003—2006年对中国各省众多农村家庭各种经济指标的全面调查信息。RCRE数据库分为八个部分，其中包括家庭类型、家庭成员基本情况及劳动和收入信息、土地情况、产出投入信息、固定资产和家庭全年收支等。另外，数据库中也包含调查农户所在村的基本信息。本章的研究涉及村基本信息变量、家庭类型、家庭成员务工信息和家庭收入信息四部分。

本节要研究家庭男性外出务工行为对女性外出务工行为的影响，将重点用到家庭成员务工信息，当然以此为基础，本节还控制了其他变量，也用到了家庭和村的一些变量。本节使用的数据来源于构建了三个被解释变量：女性外出务工虚拟变量（mig）、女性外出务工六个月以上虚拟变量（mig_op）和女性省外务工虚拟变量（mig_op）；同样，本节构建了三个重要的解释变量，即丈夫外出务工虚拟变量（hus_mig），丈夫外出务工六个月以上虚拟变量（hus_mig6）和丈夫省外务工虚拟变量（hus_migop）。当然本节还控制了其他变量，如女性年龄、女性是否有专业技术或者受过职业培训、受教育程度、健康状态、家庭小孩比例、村人均耕地面积、村外出务工人数比例、村是否是城郊等变量。

表 7-1 报告了丈夫外出务工行为对女性外出务工行为的影响。第（1）列报告了丈夫外出务工对女性外出务工的影响；第（2）列报告了丈夫外出务工六个月以上对女性外出务工六个月以上的影响；第（3）列报告了丈夫省外务工对女性省外务工的影响，后三列和前三列除了丈夫外出务工三个变量变成滞后一期外，其他变量和模型都保持不变。结果发现前三列中，丈夫外出务工的三个虚拟变量均为正，且均在1%水平下显著；后三列引入丈夫外出务工的滞后一期的三个虚拟变量，结果发现这三个变量的系数也均为正，且均在1%水平下显著。这一结果说明女性外出务工的行为与家庭男性的外出务工选择是紧紧相关的，家庭男性外出务工会导致女性也跟着外出务工，也就是说，女性的外出务工行为并不是独立自发决定的，在很大程度上受到了家庭男性外出务工选择的约束，这会导致女性外出迁移的选择对于女性本人来说并非最优化的结果，甚至在有些家庭，女性的外出务工行为是一种"无奈"的选择，她们不得不出于家庭团聚的目的追随丈夫，这可能会导致女性外出迁移的就业机会还不如留守家庭，同样会导致外出务工带来的工资增加不是性别中性的，男性工资的提升会远远大于女性工资的提升。在这种机制下，人口流动会导致女性劳动参与率的降低，同时也会扩大性别工资差异，即前面实证分析的结果。

表 7-1　　　　　　　　女性被动迁移回归结果

被解释变量	(1) mig	(2) mig_6	(3) mig_op	(4) mig	(5) mig_6	(6) mig_op
age	-0.00881 (0.0221)	0.0309** (0.0157)	0.0375** (0.0182)	-0.00314 (0.0542)	0.0595* (0.0334)	0.00948 (0.0361)
age2	0.000471** (0.000236)	-9.04e-05 (0.000168)	-0.000159 (0.000196)	0.000317 (0.000560)	5.41e-05 (0.000354)	0.000708* (0.000388)

续表

被解释变量	(1) mig	(2) mig_6	(3) mig_op	(4) mig	(5) mig_6	(6) mig_op
expert	0.419***	0.288***	0.329***	-0.281	-0.147	-0.00610
	(0.161)	(0.109)	(0.118)	(0.316)	(0.187)	(0.189)
edu	0.00318	-0.00644	-0.0181***	0.142***	0.0834***	-0.00424
	(0.0116)	(0.00512)	(0.00500)	(0.0281)	(0.0166)	(0.00893)
health	0.0996**	-0.00580	-0.0889***	0.0755	-0.0108	-0.230***
	(0.0427)	(0.0297)	(0.0337)	(0.0880)	(0.0541)	(0.0552)
younger_rate	0.318	1.708***	2.220***	1.001	2.794***	3.395***
	(0.591)	(0.414)	(0.441)	(1.209)	(0.766)	(0.739)
avg_gengdi	0.0147***	0.00580	0.00333	0.0270	0.0244**	0.0161
	(0.00556)	(0.00448)	(0.00399)	(0.0176)	(0.0114)	(0.0109)
cmig	0.230	0.0367	-0.328*	-1.798***	-4.308***	-7.422***
	(0.222)	(0.151)	(0.169)	(0.458)	(0.307)	(0.337)
chj	0.210**	0.105*	0.224***	0.317*	0.236**	0.726***
	(0.0848)	(0.0590)	(0.0649)	(0.180)	(0.106)	(0.105)
hus_mig	7.891***					
	(0.170)					
hus_mig6		4.084***				
		(0.0609)				
hus_migop			4.822***			
			(0.0765)			
L.hus_mig				2.977***		
				(0.170)		
L.hus_mig6					1.502***	
					(0.0773)	
L.hus_migop						1.772***
						(0.0746)
Obs	56833	56833	56833	32948	32948	32948
Wald chi2 (10)	2156.31	4533.88	4072.53	334.56	669.32	1218.69

注：括号中为标准误，*代表10%显著水平，**代表5%显著水平，***代表1%显著水平。

资料来源：RCRE 数据（2003—2006）。

第四节 人口流动与中国劳动市场性别差异

一 数据说明与描述性统计

本部分的核心数据是 2005 年全国 1% 人口抽样调查数据。这次调查的标准时间为 2005 年 11 月 1 日零时，调查的对象是在被抽中的调查小区内具有中华人民共和国国籍并符合以下条件之一的全部人口。2005 年全国 1% 人口抽样调查数据报告了被调查者的年龄、教育、性别、婚姻等人口特征，还报告了被调查者的工作情况，具体包括被调查者是否离开户口登记地、工作单位类型、收入情况以及就业的各种状态。这些信息都是本部分研究必不可少的内容。2005 年全国 1% 人口抽样调查数据是目前最能反映中国人口就业、迁移和居住等特征的微观大样本数据。国家统计局调查的数据是中国总人口的 1% 抽样数据，对外开放的数据库是在此基础上的一个小样本数据，尽管能够用到的数据不是全部的 1% 人口抽样调查数据，但这个数据已经很大了，包含中国 31 个省份总计 250 万个观测值，因此本章采用这个数据来研究最能反映中国的现实。

本章使用到的核心被解释变量是劳动参与变量和月工资对数。在 2005 年的全国 1% 人口抽样调查数据里，有两个调查问题，第一个问题是询问被访者上周的工作情况，第二个问题是询问被访者最近三个月有没有寻找工作。本章采用这两个问题的调查结果来定义劳动参与变量，若被访者在上周未做任何工作，且在三个月内没有找过工作，则将劳动参与变量（participate）赋值为 0，否则赋值为 1。而月工资对数的定义则更为简单，2005 年的全国 1% 人口抽样调查数据直接报告了被调查者的月工资，去掉一些异常值取对数就能得到月工资对数变量（lnwage）。

再来看其他核心的解释变量。本章研究家庭视角下男性主导的人口流动对女性劳动参与率与性别工资差异的影响，核心的变量是男性虚拟变量、婚姻状态变量以及迁移变量。该数据直接报告了被调查者的性别，可以直接使用；该数据报告了被调查者是否离开过户口登记地，若未离开过户口登记地，则将迁移变量（mig）赋值为 0，否则赋值为1，即离开户口登记地超过三年则该变量取值为1，否则取值为0，这可以方便研究迁移的长期效应；该数据还报告了被调查者的婚姻状态，本章将初婚有配偶和再婚有配偶定义为已婚，而其他婚姻状态定义为未婚（也包括离婚和丧偶）。

在研究女性劳动参与的影响因素时，本章还纳入了其他控制变量：是否是城镇户口、年龄、受教育程度、健康状态、家庭小孩比例（6岁以下）、家庭老人比例（75岁以上）、家庭人均月收入对数。需要说明的是，在有的回归本章还纳入了地区虚拟变量。

表7-2报告了中国2005年分性别分婚姻的人口流动比，从总体来看，男性人口流动比要高于女性，但这个差异不到0.5个百分点。而男性人口流动比高于女性主要是因为已婚妇女人口流动低于男性，婚后成立家庭都会显著降低男女两性的人口流动，但对女性的降低程度远远高于男性。在婚前，女性的人口流动比甚至高于男性，这个差值接近3个百分点，三年以上的人口迁移女性也要大于男性。这可能是因为，当女性未婚没有成立家庭时，她们的外出务工等迁移活动还没有受到男性和家庭的影响，她们往往更多地倾向于外出务工或其他方式的人口流动，但在婚后成立家庭后，她们承担起家庭主妇的责任，使得她们的迁移活动受到了多方面的影响，更多地受到了家庭男性是否外出的决策的影响，这导致了她们外出活动大为减小，甚至低于男性。这说明在家庭视角下，女性的人口流动率是低于男性的，也从侧面反映了在婚后女性的外出活动多多少少会受到男性的影响，在家庭视角下人口流动是男性主导的，女性的外出决策在一定程度上是依附于男性的。

表7-2　　　　　　　分性别分婚姻的人口流动比

项目	总体 观测值	总体 流动比	已婚 观测值	已婚 流动比	未婚 观测值	未婚 流动比
男性	891518	17.61%	653329	15.93%	238189	22.20%
女性	904142	17.15%	710246	15.01%	193896	24.97%

资料来源：2005年的全国1%人口抽样数据。

表7-3报告了分性别分婚姻的流动人口和常住人口的劳动参与率。从整体来看，男性的劳动参与率要远远高于女性。从总体来看，流

动人口中男性的劳动参与率大于常住人口中的男性劳动参与率,而流动人口中女性的劳动参与率低于常住人口的女性劳动参与率,这说明迁移会增加男性的劳动参与率,但反而会降低女性的劳动参与率。具体分婚姻来看,迁移增加了未婚男性的劳动参与率,略微降低了已婚男性的劳动参与率,同样,迁移也增加了未婚女性的劳动参与率,但显著降低了已婚女性的劳动参与率,从76.74%下降到67.00%,下降了近10个百分点,这从侧面说明迁移增加了未婚女性的就业机会,但却降低了已婚女性的就业机会,这可能是因为已婚女性发生迁移的原因不是为了工作,而是其他原因,例如为了家庭或与丈夫团聚。

表7-3　分性别分婚姻的流动人口和常住人口的劳动参与率　　单位:%

项目	劳动参与率					
	流动人口			常住人口		
	总体	已婚	未婚	总体	已婚	未婚
男性	85.58%	91.23%	74.46%	84.41%	91.45%	63.56%
女性	68.35%	67.00%	71.34%	72.10%	76.74%	52.86%

资料来源:2005年的全国1%人口抽样数据。

表7-4报告了分婚姻的流动人口和常住人口的性别工资比。从总体来看,流动人口的性别工资比要略高于常住人口的性别工资比。具体来看,流动人口中未婚人群的性别工资比要远远高于常住人口,但流动人口中已婚人群的性别工资比要远远低于常住人口。这些数据表明人口迁移能够带来未婚人群的性别工资差异的缩小,但会扩大已婚人群的性别工资差异。

表7-4　分婚姻的流动人口和常住人口的月工资及性别工资比

项目	流动人口			常住人口		
	总体	已婚	未婚	总体	已婚	未婚
男性月工资(元)	1009.30	1129.62	772.59	519.94	596.38	293.36
女性月工资(元)	587.34	555.18	658.16	297.49	314.27	227.87
性别工资比	58.19%	49.15%	85.24%	57.22%	52.70%	77.68%

资料来源:2005年的全国1%人口抽样数据。

二 识别方法和估计方程

(1) 双重差分方法

利用双重差分方法的目的是研究已婚人群中迁移带来的男性的劳动参与率或者劳动工资要远远高于女性。双重差分方法是一项非常重要的评估政策效果的研究方法，国内外有大量基于此方法的经济学文献（Eissa and Liebma，1996；Card and Krueger，1994；Baker et al.，2008；周黎安和陈烨，2005；徐现祥等，2007；郑新业等，2011）。对于本章研究问题而言，第一个差分比较的是已婚人群中男性和女性之间劳动参与率和劳动工资的差异；第二个差分比较的是流动人口和常住人口之间劳动参与率和劳动工资的差异，在这里，流动人口是实验组，常住人口是控制组。这两个差分的结果就是迁移对女性劳动参与和劳动工资，相对于男性的净影响。估计方程可以表示为：

$$y = \beta_0 + \beta_1 \cdot male + \beta_2 \cdot mig + \beta_3 \cdot male \cdot mig + \beta \cdot X + \varepsilon \quad (7-1)$$

其中 y 表示劳动参与变量或劳动工资对数变量，male 表示男性虚拟变量，mig 表示迁移虚拟变量，male·mig 表示男性虚拟变量和迁移的交互项，X 表示一组控制变量，ε 表示误差项。在这里 β_3 表示双重差分效应，若其为负，则表示迁移扩大了已婚人群的性别差异。

(2) 三重差分方法

三重差分是在双重差分的基础上产生的方法，具体思想与双重差分方法一样，也是要通过多次差分分离出自然实验的净效应。国内外也有一些文献使用了这种方法，如 Muralidharan 和 Prakash（2013）以及吴要武和赵泉（2010）。因为人口流动对劳动市场性别差异的影响是在家庭视角下发生的，也就是说人口流动只会影响已婚人群的性别差异，而不会影响未婚人群，因此相对于未婚人群，已婚人群是实验组。因此本书在双重差分的基础上还需要一次差分得到已婚人群的净效应。在双重差分基础上，三重差分的估计方程可以表示为：

$$y = \beta_0 + \beta_1 \cdot male + \beta_2 \cdot married + \beta_3 \cdot mig + \beta_4 \cdot male \cdot mig + \beta_5 \cdot male \cdot married + \beta_6 \cdot married \cdot mig + \beta_7 \cdot male \cdot married \cdot mig + \beta \cdot X + \varepsilon \quad (7-2)$$

在这里，married 表示已婚虚拟变量，其他变量与式（7-1）一致。在这里，β_7 表示三重差分效应，即若 β_7 为负，则表示在家庭视角下的迁移会导致性别差异扩大。

三 回归结果

本章的劳动参与变量是一个虚拟变量，而月工资对数是一个连续变量，因此分别采用 LOGIT 模型和 OLS 模型来估计人口流动对劳动参与和劳动工资的影响。

表7-5报告了人口流动对劳动参与的性别差异的影响。在第（1）列和第（2）列，采用双重差分研究了迁移对已婚人群劳动参与的性别差异的影响。第（3）列和第（4）列采用三重差分迁移对全样本劳动参与的性别差异的影响。第（2）列和第（4）列与其他两列的区别在于第（2）列和第（4）列增加了地区虚拟变量。

表7-5　人口流动对劳动参与性别差异的回归结果

解释变量	被解释变量：劳动参与			
	（1）已婚人群	（2）已婚人群	（3）全样本	（4）全样本
urban	-1.746***	-1.757***	-1.419***	-1.428***
	(0.00863)	(0.00883)	(0.00708)	(0.00725)
age	0.261***	0.280***	0.523***	0.536***
	(0.00227)	(0.00232)	(0.00152)	(0.00155)
age2	-0.00368***	-0.00390***	-0.00667***	-0.00683***
	(2.60e-05)	(2.66e-05)	(1.86e-05)	(1.90e-05)
edu	0.103***	0.156***	-0.258***	-0.224***
	(0.00390)	(0.00411)	(0.00314)	(0.00326)
health	1.734***	1.772***	1.857***	1.880***
	(0.0111)	(0.0114)	(0.00983)	(0.00999)
younger_rate	-0.809***	-0.903***	0.393***	0.322***
	(0.0272)	(0.0277)	(0.0248)	(0.0252)
older_rate	1.213***	1.296***	1.087***	1.203***
	(0.0636)	(0.0648)	(0.0470)	(0.0478)
lnyfavg	0.349***	0.455***	0.555***	0.667***
	(0.00429)	(0.00459)	(0.00340)	(0.00366)

续表

解释变量	被解释变量：劳动参与			
	（1）已婚人群	（2）已婚人群	（3）全样本	（4）全样本
male	1.873***	1.910***	0.231***	0.216***
	(0.00904)	(0.00918)	(0.00906)	(0.00923)
mig	-0.953***	-0.893***	0.673***	0.721***
	(0.0101)	(0.0103)	(0.0155)	(0.0157)
male × mig	0.534***	0.504***	-0.228***	-0.221***
	(0.0211)	(0.0213)	(0.0217)	(0.0219)
marrige			-0.379***	-0.406***
			(0.0104)	(0.0106)
male × marrige			1.816***	1.849***
			(0.0131)	(0.0132)
marriage × mig			-1.526***	-1.530***
			(0.0181)	(0.0183)
male × marrige × mig			0.566***	0.536***
			(0.0306)	(0.0308)
地区虚拟变量		yes		yes
Observations	1250778	1250778	1627050	1627050
Pseudo R2	0.2474	0.2732	0.3005	0.3171

注：lnyfavg 表示家庭人均收入对数，其他变量定义同表 4-2。括号中为标准误，*代表 10% 显著水平，**代表 5% 显著水平，***代表 1% 显著水平。

第（1）列和第（2）列，男性虚拟变量的系数均为正，且在 1% 水平下显著，这说明在已婚人群中男性的劳动参与率要远高于女性。在这两列，迁移虚拟变量的系数显著为负，这说明迁移会负向影响已婚人群劳动参与率。本章关心的重点是男性虚拟变量和迁移虚拟变量的交互项，结果发现，该交互项的系数为正，这说明迁移会拉大男性劳动参与率和女性劳动参与率的差异。也就是说，尽管迁移会降低已婚人群的劳动参与率，但对女性劳动参与率的负效应要显著大于对男性劳动参与率的负效应。因此，人口流动能够解释已婚人群的劳动参与率的性别差异。

为了研究人口流动对全样本劳动参与率的影响，本章在表7-5第（3）列和第（4）列对全样本做回归。为了区别出迁移对已婚人群和未婚人群劳动参与率性别差异影响的差异，本章采用了三重差分方法，即引入了男性虚拟变量、已婚虚拟变量和迁移虚拟变量三个变量的交互项以及其他两两组合的交互项。这时，发现迁移虚拟变量的系数变为正数，且在1%水平下显著，而男性虚拟变量和迁移虚拟变量的系数为负，这说明迁移能够增加整体样本的劳动参与率，并会减少整体样本劳动参与率的性别差异。与前两列相对比，这很可能是因为迁移大大促进了未婚人群劳动参与率的提高，并对未婚女性劳动参与率的提升程度要远高于未婚男性。再来看其他变量，male×marrige 的系数为正，这说明已婚男性的劳动参与率要远高于已婚女性，marriage×mig 系数为负，这说明发生迁移的已婚人群的劳动参与率要远小于发生迁移的未婚人群的劳动参与率。本章最为关心的变量是 male×marrige×mig，该交互项的系数为正，这说明迁移拉大了已婚人群劳动参与率的性别差异，这一结果与前两列完全一致。

表7-6报告了人口流动对劳动工资的影响。与表7-5一样，在第（1）列和第（2）列，本章采用双重差分研究了迁移对已婚人群性别工资差异的影响。第（3）列和第（4）列采用三重差分迁移对全样本性别工资差异影响。第（2）列和第（4）列与其他两列的区别在于第（2）列和第（4）列增加了地区虚拟变量。第（1）列和第（2）列为男性虚拟变量和迁移虚拟变量的交互项，结果发现，该交互项的系数为正，这说明迁移会扩大已婚人群的性别工资差异。也就是说，尽管迁移会增加已婚人群的劳动工资，但对女性工资的正效应要显著小于男性。因此，人口流动能够解释已婚人群的性别工资差异尚未缩小的趋势。在全样本回归中，交互项 male×marriage×mig 的系数为正，且在1%水平下显著，这说明迁移拉大了已婚人群的性别工资差异，这一结果与前两列完全一致。

表7-6　　　　　人口流动对性别工资差异的回归结果

解释变量	已婚人群 (1)	已婚人群 (2)	全样本 (3)	全样本 (4)
urban	0.0901***	0.108***	0.0941***	0.111***
	(0.00206)	(0.00199)	(0.00183)	(0.00177)
age	0.0325***	0.0288***	0.0359***	0.0335***
	(0.000450)	(0.000431)	(0.000348)	(0.000333)
age2	-0.000378***	-0.000361***	-0.000417***	-0.000417***
	(5.35e-06)	(5.12e-06)	(4.27e-06)	(4.08e-06)
edu	0.184***	0.159***	0.196***	0.166***
	(0.000759)	(0.000749)	(0.000684)	(0.000674)
health	0.274***	0.262***	0.281***	0.270***
	(0.00471)	(0.00451)	(0.00421)	(0.00402)
工作类型	yes	yes	yes	yes
male	0.261***	0.276***	0.128***	0.136***
	(0.00130)	(0.00125)	(0.00296)	(0.00283)
mig	0.221***	0.149***	0.381***	0.284***
	(0.00272)	(0.00263)	(0.00416)	(0.00399)
male × mig	0.00636*	0.0180***	-0.0700***	-0.0644***
	(0.00339)	(0.00324)	(0.00546)	(0.00521)
marrige			-0.0119***	-0.00780***
			(0.00274)	(0.00262)
male × marrige			0.129***	0.138***
			(0.00323)	(0.00309)
marrige × mig			-0.163***	-0.137***
			(0.00482)	(0.00460)
male × marrige × mig			0.0768***	0.0816***
			(0.00642)	(0.00613)
地区虚拟变量	yes	yes	yes	yes
Constant	4.311***	4.038***	4.199***	3.892***
	(0.0166)	(0.0174)	(0.0140)	(0.0145)
Observations	1090609	1090609	1338258	1338258
R-squared	0.549	0.587	0.555	0.595

注：括号中为标准误，*代表10%显著水平，**代表5%显著水平，***代表1%显著水平。

综上所述，迁移能够增加已婚人群劳动市场的性别差异，但并不会扩大未婚人群劳动市场的性别差异。迁移可能会缩减未婚人群劳动市场的性别差异。中国已建立家庭的人群增加，而人口流动也在不断增加，则迁移不会帮助改善劳动市场的性别差异，反而会扩大劳动市场的性别差异。因此，人口流动能在很大程度上解释中国劳动市场性别差异尚未缩小和改善的现象。

四 稳健性检验

表7-6的回归结果显示迁移能够增加已婚人群劳动市场的性别差异，但并不能增加未婚人群劳动市场的性别差异。这很可能是因为家庭发生迁移后，家庭在迁入地的亲戚（包括夫妻双方的父母）或朋友较少，导致家庭需要一个人更多地承担抚养小孩的责任，而在中国的传统文化中，女性一般被定义为相夫教子的角色，这个抚养小孩的责任当然落到了女性的头上，女性在家庭中的付出增加肯定对她们在劳动市场上的表现有负面影响，这肯定会增加劳动市场上的性别差异。因此，本章将样本分为家庭无小孩样本和家庭有小孩样本，采用三重差分的方法分别做回归研究迁移对已婚人群性别差异的影响。表7-7报告了分家庭有无小孩人口流动对劳动市场性别差异的影响。结果发现，在这四列中，male × marriage × mig 的系数均为正，且均在1%水平下显著，与表7-5和表7-6的结果完全一致。这说明迁移能够增加已婚人群劳动市场的性别差异并不完全是因为迁移导致家庭小孩的抚养任务落到了女性身上。也就是说，家庭整体迁移导致的女性被动迁移是人口流动增加劳动市场性别差异的一个重要机制。

表7-7　　　　　　　　家庭无小孩样本回归

解释变量	家庭无小孩样本		家庭有小孩样本	
	（1）劳动参与	（2）月工资对数	（3）劳动参与	（3）月工资对数
male	0.184***	0.135***	0.567***	0.150***
	(0.00972)	(0.00296)	(0.0366)	(0.0101)
marrige	-0.620***	-0.00538*	0.0160	-0.00151
	(0.0121)	(0.00288)	(0.0273)	(0.00796)

续表

解释变量	家庭无小孩样本		家庭有小孩样本	
	(1) 劳动参与	(2) 月工资对数	(3) 劳动参与	(3) 月工资对数
mig	0.745***	0.289***	-0.226***	0.176***
	(0.0165)	(0.00410)	(0.0673)	(0.0218)
male × marriage	1.889***	0.138***	1.526***	0.130***
	(0.0146)	(0.00327)	(0.0418)	(0.0105)
male × mig	-0.232***	-0.0641***	0.155	-0.0462
	(0.0228)	(0.00532)	(0.107)	(0.0294)
marrige × mig	-1.410***	-0.135***	-1.020***	-0.0620***
	(0.0199)	(0.00480)	(0.0698)	(0.0226)
male × marrige × mig	0.456***	0.0676***	0.384***	0.121***
	(0.0339)	(0.00638)	(0.116)	(0.0305)
其他控制变量	yes			
地区虚拟变量	yes			
Constant	-16.03***	3.853***	-13.03***	4.052***
	(0.0535)	(0.0162)	(0.122)	(0.0388)
Obs	1328364	1089883	266048	220978
Pseudo R2	0.3327		0.2935	
R-squared		0.598		0.578

注：括号中为标准误，*代表10%显著水平，**代表5%显著水平，***代表1%显著水平。

前文用 2005 年 1% 人口抽样调查数据研究了人口流动对劳动市场性别差异的影响，并验证了在家庭迁移视角下男性主导的人口流动会扩大劳动参与率与劳动工资的性别差异。但是基于前文的数据，存在一个问题，即该数据是 2005 年的调查数据，离现在已经将近十年的时间，在这十年间中国发生了翻天覆地的变化，女性的受教育水平也得到了大幅度的提高，随着收入水平的提高，女性的地位也发生了变化，家庭迁移视角下的人口流动对劳动市场的性别差异的影响也可能发生了质的变化，因此有必要研究近些年家庭迁移视角下的人口流动是否还会降低女性的劳动参与率和扩大性别工资差异。为了解决这一问题，本章采用 2012 年计划生育委员会调查的流动人口数据，该数

第七章 人口流动与"性别差异之谜":基于家庭迁移的视角

据调查时点是2012年,因此能解决2005年1%人口抽样调查数据过于久远的问题。另外该数据囊括了250万个左右的观测值,也包含劳动参与和月工资等变量,因此利于本书研究家庭视角下人口流动对劳动参与率和劳动工资性别差异的影响。

但该数据与2005年1%人口抽样调查数据相比存在的主要缺陷在于,该数据的被调查者全部是流动人口,没有常住人口,因此不能比较流动人口和常住人口的女性劳动参与率和性别工资差异。但本章研究人口流动扩大劳动市场性别差异在于家庭视角下已婚女性的向外迁移是依附于男性的,这导致女性的向外迁移并不能找寻更好的工作机会,因而也不能像男性一样带来更多的工资,这导致了女性劳动参与率的下降和性别工资差异的扩大。因此,利用流动人口数据可以比较未婚人群和已婚人群的劳动参与率和劳动工资的性别差异来检验本章的家庭迁移对女性的负向影响。

表7-8报告了基于流动人口数据研究的婚姻状态对流动人口劳动参与率的影响。第(1)列和第(2)列是对被调查者劳动参与的回归,后两列是对被调查者月工资对数的回归。第(3)列和第(4)列与另两列的区别在于加入了被调查者现居住地的地区虚拟变量,以控制当地的宏观经济就业环境。结果发现,四列中交互项marriage × male的系数均为正,且均在1%水平下显著,这表明在全样本的流动人口中,结婚会大大增加劳动参与率和劳动工资的性别差异。这说明家庭迁移下的人口流动比独立自由的人口流动相比,扩大了劳动市场的性别差异,与前面的结论是完全一致的。也就是说,家庭迁移视角下男性主导的人口流动对中国劳动市场性别差异的解释在2012年也是适用的。

表7-8　　　　基于2012年流动人口数据回归结果

解释变量	被解释变量:劳动参与		被解释变量:月工资对数	
	(1)	(2)	(3)	(4)
male	0.162***	0.206***	0.136***	0.142***
	(0.0344)	(0.0354)	(0.00613)	(0.00603)

续表

解释变量	被解释变量：劳动参与		被解释变量：月工资对数	
	(1)	(2)	(3)	(4)
marriage	-2.156***	-2.152***	0.0784***	0.0767***
	(0.0337)	(0.0347)	(0.00619)	(0.00612)
marriage × male	2.808***	2.881***	0.121***	0.123***
	(0.0451)	(0.0461)	(0.00706)	(0.00694)
其他控制变量	yes	yes	yes	yes
地区虚拟变量		yes		yes
Constant	-5.931***	-6.460***	6.510***	6.325***
	(0.107)	(0.118)	(0.0230)	(0.0247)
Observations	158029	158029	132650	132650
Pseudo R2	0.1935	0.2322		
R-squared			0.117	0.148

注：括号中为标准误，*代表10%显著水平，**代表5%显著水平，***代表1%显著水平。

第五节 进一步的研究

一 时间效应

家庭的整体迁移会导致女性更多地成为被动迁移者，这会导致女性开始在迁入地的劳动市场表现不佳，但随着时间的推移，如果被动迁移者开始逐渐适应迁入地的劳动市场，并通过工作培训等方式提高自己对迁入地劳动需求的匹配度，这会不断改善被动迁移者的劳动市场表现，进而减小人口流动扩大劳动市场性别差异的影响。那么，从长期来看，人口流动对劳动参与率与劳动工资的性别差异的影响就会逐渐减小，这样人口流动也还是不能解释中国劳动市场性别差异并未缩小的现象。因此本章研究人口流动的长期效应，探索当被动迁移者在迁入地生活一段时间后，劳动市场表现是否会逐渐接近主动迁移

第七章 人口流动与"性别差异之谜"：基于家庭迁移的视角　　149

者，最后消失。

　　为了研究人口流动的长期效应，本节先定义一个新的变量，即迁移是否超过三年（miglong），若被调查者迁移时间超过三年则该变量赋值为1，若被调查者迁移时间小于等于三年或被调查者没有发生迁移，则该变量赋值为0。表7-9报告了根据Miglong分类的不同人群的劳动参与率。本节发现迁移时间超过三年人群的劳动参与率的性别差异要大于迁移时间未超过三年人群，迁移时间超过三年的已婚人群的劳动参与率的性别差异要远远大于迁移时间未超过三年的已婚人群，但迁移时间超过三年的未婚人群的劳动参与率的性别差异要远小于迁移时间未超过三年的未婚人群。这说明迁移对已婚人群劳动参与率性别差异的扩大影响在长期依然存在，并不会随着女性对迁入地的适应而逐渐消失。表7-10报告了根据Miglong分类的不同人群的性别工资差异。结果发现迁移时间超过三年人群的性别工资差异要远大于迁移时间未超过三年人群，而这主要是因为迁移时间超过三年的已婚人群的性别工资差异远小于迁移时间未超过三年的已婚人群。同样，这说明迁移对已婚人群性别工资差异的扩大影响在长期依然存在，并不会随着女性对迁入地的适应而逐渐消失。当然描述性统计结果并不能反映长时间迁移对劳动市场性别差异的真实因果关系，还需要进一步地研究。

表7-9　　分性别分婚姻的劳动参与率（迁移3年以上）

项目	劳动参与率					
	Miglong = 1			Miglong = 0		
	总体	已婚	未婚	总体	已婚	未婚
男性	84.44%	90.04%	75.30%	86.76%	91.54%	65.33%
女性	66.45%	66.19%	67.54%	71.87%	76.04%	56.74%

资料来源：2005年的全国1%人口抽样数据。

表7-10　　分婚姻的月工资及性别工资比（迁移3年以上）

项目	Miglong = 1			Miglong = 0		
	总体	已婚	未婚	总体	已婚	未婚
男性月工资（元）	1113.51	1172.86	905.85	563.22	637.00	364.70
女性月工资（元）	596.23	562.90	734.63	326.95	332.68	306.18
性别工资比	53.55%	47.99%	81.10%	57.92%	52.23%	83.95%

资料来源：2005年的全国1%人口抽样数据。

表7-11报告了迁移对劳动市场的性别差异影响的长期效应。第（1）列和第（2）列报告了劳动参与对长期迁移变量的回归结果。第（3）列和第（4）列报告了月工资对数对长期迁移变量的回归结果。结果发现这四列的 male × marriage × miglong 的系数均为正，且均在1%水平下显著，这说明迁移的长期效应依然存在，也就是说，即使迁移发生超过了三年，迁移对已婚人群劳动市场表现性别差异的影响依然存在。本章将表7-11中各列 male × marriage × miglong 的系数与表7-5和表7-6对应系数进行比较可以发现，表7-11的系数要远小于表7-5和表7-6，这说明随着时间的推移，迁移对劳动市场表现性别差异的影响确实会慢慢减小，但是这需要很长的时间，至少在三年内，这种效应依然会很显著。

表7-11　　迁移3年以上对劳动市场性别差异的回归结果

解释变量	劳动参与		月工资对数	
	(1)	(2)	(3)	(4)
male	0.172***	0.155***	0.0982***	0.112***
	(0.00838)	(0.00852)	(0.00261)	(0.00248)
marrige	-0.608***	-0.638***	-0.0538***	-0.0394***
	(0.0100)	(0.0102)	(0.00253)	(0.00241)
miglong	0.167***	0.222***	0.302***	0.226***
	(0.0264)	(0.0267)	(0.00706)	(0.00673)

续表

解释变量	劳动参与		月工资对数	
	(1)	(2)	(3)	(4)
male × marrige	1.910***	1.944***	0.154***	0.160***
	(0.0123)	(0.0125)	(0.00290)	(0.00276)
male × miglong	0.0117	0.0233	-0.0142	-0.0266***
	(0.0372)	(0.0376)	(0.00933)	(0.00888)
marrige × miglong	-1.033***	-1.043***	-0.128***	-0.117***
	(0.0292)	(0.0295)	(0.00787)	(0.00749)
male × marrige × miglong	0.291***	0.264***	0.0464***	0.0585***
	(0.0462)	(0.0466)	(0.0104)	(0.00989)
其他控制变量	yes			
地区虚拟变量		yes		yes
Constant	-14.66***	-15.43***	4.397***	4.440***
	(0.0426)	(0.0476)	(0.0140)	(0.0142)
Observations	1627044	1627044	1338254	1338254
Pseudo R2	0.2962	0.3128		
R-squared			0.550	0.592

注：括号中为标准误，*代表10%显著水平，**代表5%显著水平，***代表1%显著水平。

二 高等教育与女性被动迁移

在家庭迁移决策中，会考虑家庭的整体福利，夫妻双方的福利改善更大的一方会决定家庭迁移的选择，一般来说，男性在家庭决策中占主导地位，从而导致了女性成为被动迁移者。但随着女性教育水平的提高，随着女性人力资本水平的提高，女性在经济生活中的地位也逐渐提高，她们在家庭中的地位也会提高，家庭迁移决策会更多地考虑女性的感受，所以高等教育能改变女性在家庭迁移中的弱势地位，从而削弱人口流动对性别差异的影响。本部分主要研究不同教育水平迁移对性别差异影响的异质性。

先将全样本按照教育水平分为两类，其一是教育水平在大专及以上人群，即接受高等教育人群；其二是教育水平在大专以下人群。然后分别研究迁移对这两个人群性别差异的影响。表7-12报告了迁移对性别差异的分教育水平的异质性影响。前两列报告了对劳动参与率性别差异的影响，后两列报告了对劳动工资性别差异的影响。第（1）列和第（3）列是对高等教育水平人群的回归结果，第（2）列和第（4）列是对教育水平较低人群的回归结果。结果发现，这（4）列male×marriage×miglong的系数均为正，这说明迁移会影响所有教育水平人群的性别差异。具体来看，第（1）列的系数并不显著，这说明，迁移对高等教育水平人群的劳动参与率性别差异的影响并不显著。而第（3）列的系数依然在1%水平下显著，迁移仍然会显著影响高等教育水平人群的性别工资差异。但比较第（3）列和第（4）列的系数，结果发现，第（3）列的系数显著小于第（4）列，这说明随着教育水平的提高，迁移对劳动工资性别差异的影响会逐渐减小。综上所述，随着教育水平的提高，女性在家庭迁移中会逐渐改变被动迁移者的身份，在家庭迁移中发挥积极主动的作用，从而减小迁移对性别差异的影响。

表7-12 分教育回归结果

解释变量	被解释变量：劳动参与		被解释变量：月工资对数	
	（1）大专及以上	（2）大专以下	（3）大专及以上	（4）大专以下
male	-0.108***	0.262***	0.0741***	0.146***
	(0.0374)	(0.00968)	(0.00851)	(0.00295)
marrige	-0.436***	-0.419***	0.0260***	-0.00513*
	(0.0500)	(0.0111)	(0.00747)	(0.00275)
mig	0.0988**	0.929***	0.156***	0.301***
	(0.0459)	(0.0176)	(0.00972)	(0.00427)
male×marriage	2.093***	1.924***	0.00165	0.155***
	(0.0657)	(0.0138)	(0.00944)	(0.00322)
male×mig	0.0105	-0.254***	0.0166	-0.0822***
	(0.0648)	(0.0244)	(0.0132)	(0.00556)
marrige×mig	-0.454***	-1.791***	-0.0806***	-0.156***
	(0.0676)	(0.0200)	(0.0114)	(0.00492)

续表

解释变量	被解释变量：劳动参与		被解释变量：月工资对数	
	(1) 大专及以上	(2) 大专以下	(3) 大专及以上	(4) 大专以下
male × marrige × mig	0.157	0.605***	0.0294*	0.104***
	(0.113)	(0.0335)	(0.0153)	(0.00654)
其他控制变量	yes			
地区虚拟变量	yes			
Constant	-24.75***	-14.35***	3.889***	4.430***
	(0.361)	(0.0491)	(0.0689)	(0.0146)
Observations	124213	1502837	105341	1232917
Pseudo R2	0.4977	0.3244		
R-squared			0.416	0.543

注：括号中为标准误，*代表10%显著水平，**代表5%显著水平，***代表1%显著水平。

第六节 总结与政策建议

本章梳理了改革开放以来中国劳动力市场的一个非常重要的现象，即中国流动人口不断增长，并成为中国人口中的重要一部分。而这些流动人口发生的外出迁移有很大一部分是在家庭视角下发生的，即他们选择是否迁移和迁移地会综合考虑到家庭的整体利益，由于男性在家庭中的经济地位要远强于女性，这导致了女性在迁移中处于被动地位，她们往往沦为"被动移民者"，这会限制她们在迁移地的就业机会，降低她们的劳动参与率，进而降低她们的工资水平。因此家庭视角下男性为主导的人口流动就很好地解释了中国劳动市场性别差异之谜。具体而言，本章的结论有以下几点。

首先，本章利用农业部固定观察点数据验证了农村家庭发生的人口流动的男性主导地位，具体而言，农村女性外出务工取决于丈夫的外出务工状态，这也表明中国女性在人口流动中的被动地位，也验了中国流动人口增多能够解释中国劳动市场性别差异之谜的核心前提，即中国的人口流动是在家庭视角下男性主导的人口流动，而女性在这种人口流动中处于被动移民的角色，这导致了移民后性别的不平等。

其次，也是最重要的，中国人口流动能解释劳动参与率与劳动工资的性别差异，是因为中国大部分的人口流动是基于家庭视角下男性主导发生的。换句话说，人口流动能够解释已婚女性的劳动参与率的下降和已婚人群性别工资差异的扩大，但并不能解释未婚女性的劳动参与率和未婚人群性别工资差异。但考虑到已婚女性已占据了中国劳动适龄女性的大部分，因此人口流动能在很大程度上解释中国劳动市场性别差异之谜。

再次，人口流动效应尽管会随着时间逐渐降低，但时间稀释效应太慢。本章研究了迁移满三年以上对劳动市场性别差异的影响，结果发现迁移对劳动参与率和劳动工资的性别差异的影响依然显著存在。

最后，本章研究了高等教育是否会改变女性在家庭迁移中的弱势地位，结果发现迁移对高等教育水平人群的劳动参与率性别差异的影响并不显著，但迁移仍然会显著影响高等教育水平人群的性别工资差异，相较于其他教育水平人群，影响会有所减小。也就是说，随着教育水平的提高，女性在家庭迁移中会逐渐改变被动迁移者的身份，在家庭迁移中发挥积极主动的作用，从而减小迁移对性别差异的影响。

基于以上总结，本章的政策建议是，要改善女性在家庭迁移中的被动地位，促进女性流动人口就业。第一，不断提高女性的受教育水平，改善女性在家庭迁移中的弱势地位。在中国农村地区和西部落后地区，受到封建传统思想的影响，家长在子女的教育培养方面经常会重男轻女，即使国家规定的义务教育，很多女性也没有完成就已经走向劳动市场赚取微薄的收入或是在家帮助父母务农，这无疑会导致这些女性在以后的各个方面从属于男性，特别是在家庭迁移中处于被动迁移者的地位，因此，这些贫穷落后地区的有关政府部门要落实女孩的义务教育，在法律上督促和保障女孩完成义务教育，这不仅能提高女孩的人力资本积累，也能提高女孩日后在家庭迁移中的主动权。另外，为了鼓励女性更多地接受高等教育，有关政府可以考虑对上大学女孩的家庭进行适当的奖励，提高家庭培养女孩上大学的动力。考虑到上大学的学费和生活成本，教育部门和各高校可以考虑给予困难女学生适当减免学费和生活补贴的措施。

第二，在主要迁入地可以通过产业结构调整，配套解决被动迁移者的就业问题，使大城市或特大城市的产业发展适合男女和谐发展。中国新型城镇化的战略需要更多的农村居民迁入城镇地区，势必会发生大规模的人口流动，如果不处理好迁入地城镇地区女性的就业问题，可能会导致大量女性失业，并进而导致这些女性退出劳动市场。而现在很多城市经济的发展和产业结构的布局并没有考虑到对女性的友好性，一味地追求量化的GDP指标，肯定会导致女性在迁移中相比之下就业环境变得更差，降低女性在家庭中的经济地位，扩大整个社会的性别歧视态度。因此主要迁入地要适当调整产业结构，既要重点关注重工业的壮大，也要顾及轻工业的发展，既要大力发展城市经济的优势产业，又要促进适应女性就业的服务业行业的发展，兼顾体力劳动和脑力劳动，兼顾男性和女性的职业发展，促进城市男女两性和谐发展。

第三，主要迁入地和大中城市要做好流动人口落户的配套工作，方便流动人口长期居住和工作。目前很多农民工进城务工都是暂时的人口，在一定时候，他们还会回农村老家结婚生子，然后再进城务工，有的还会带着家人包括配偶一起出来务工。这部分流动人口一直都是短期流动，"随迁家庭主妇"也是短期被动流动，等她们适应了新环境，有可能又会随着丈夫工作的改变换工作换城市，这种不稳定的人口流动导致人口流动对劳动市场性别差异的扩大效益不会随时间缩小。因此有关政府要做好流动人口落户的配套工作，不断进行户籍制度改革，为流动人口在城市的长期定居和工作扫平障碍。

第四，还可以通过一些措施促进流动人口在迁入地寻找配偶结婚，减少被动迁移，从而减少劳动市场的性别差异。农民工进城务工，往往由于对城市婚姻市场的不适应或对外地女孩的不放心，更倾向于回农村老家相亲结婚，第二年再出来务工，还会带来"随迁家庭主妇",这无疑会产生大量的女性被动迁移者。但如果农民工在迁入地自由恋爱或是相亲结婚,原本就在同一地点工作的夫妻双方就没有所谓的被动迁移者,也就不会产生"捆绑效应",这有利于减少人口流动对劳动市场性别差异的扩大效应。因此,在这些主要迁入地,相关政府也要周全考虑进城农民工的婚姻问题,为他们在城市寻找对象提供帮助和多种渠道,如举行相亲性质的交友活动等。

第八章 结论、对策建议与展望

第一节 本书结论

一 中国产业结构转型过程中劳动市场性别差异悖论

产业结构转型是世界各国和地区特别是西方发达国家的一个重要经济现象。对于这些国家,第三产业,即服务业早已成为支撑国内生产总值的重要产业,例如2012年美国的服务业份额为79.4%,日本为72.7%,英国为78.0%,法国为79.1%,中国台湾地区为68.32%(2013年数据)。随着服务业的发展,这些国家和地区劳动市场上的性别差异正在不断缩小。这主要是因为:农业和制造业对劳动力的体力劳动要求较高,而相比之下,服务业对劳动力的脑力劳动要求较高。随着一个国家或地区的经济发展,该国或地区会发生产业结构转型,即从农业和制造业向服务业转型,导致服务业份额逐渐上升,逐渐成为一国经济的主要产业。这种结构转型给女性带来了利好,因为农业和制造业一般都需要体力劳动,而服务业相比之下更需要脑力劳动,也就是说非服务业一般都是体力劳动密集型产业,而服务业是脑力劳动密集型产业。而女性与男性相比,她们在体力劳动上存在先天不足,处于绝对劣势,但是在脑力劳动上,劣势并不明显,也即女性在脑力劳动上存在比较优势。而结构转型带来的服务业的发展会使女性充分发挥具有比较优势的脑力劳动,缩小性别之间的差异(Jayachandran,2014)。

事实上,近半个世纪以来,随着世界各国和地区服务业的发展,这些国家和地区出现了一个新现象，即在劳动市场上性别间的差异在不断缩小，主要表现在劳动参与率和性别工资差异两个方面（Goldin，1990；Blau and Kahn，1992、1996、2006；Rendall，2010；Wellington，1993；Goldin，2014）。以美国为例，美国的女性劳动参与率从1950年的32%上升到2005年的71%，而男性劳动参与率在这半个世纪里基本保持不变，且性别工资之比从1980年的59%上升到2005年的77%（Rendall，2010），而中国台湾地区劳动参与率的性别差异从1978年的38.83%缩小到2012年的16.64%，性别工资比也从63.88%快速上升到2014年的84.61%。

改革开放以来，中国经济快速发展，中国经济以年均9.8%的速度持续增长，并且在2010年中国GDP总量达到58786亿美元，正式超过日本成为全球第二大经济体（谭洪波和郑江淮，2012）。而在经济增长的同时，中国的经济结构也发生了重大转变，中国的产业结构也在逐渐优化。2013年，中国第一产业收入份额为10.0%，第二产业收入份额为43.9%，第三产业收入份额为46.1%，而这三个数字在改革开放前的1978年时分别是28.2%、47.9%和23.9%。第一产业下降趋势明显，而第二产业稳中有降，第三产业上升趋势明显，成为支撑国内生产总值的最大产业。

然而在中国，尽管服务业份额在不断增长，但中国劳动市场的性别差异并没有缩小。从劳动参与率来看，在近30年里，中国劳动参与率的性别差异不仅没有缩小，反而略微扩大，从1982年的13.77%上升到14.43%。这主要是因为在男性劳动参与率下降的过程中，中国女性劳动参与率也在不断下降。从性别工资差异来看，中国的性别工资差异30年并没有呈现与世界发达国家一样的缩小趋势，女性工资与男性工资的比例不仅没有明显增加，反而出现较大波动，并且还略微减小。

由此可见，在产业结构转型背景下，世界各国和地区劳动市场上性别差异呈现逐渐缩小收敛的趋势下，中国劳动市场上的性别差异并没有缩小，女性的劳动市场表现并没有改善，具体表现为女性劳动参与率不断下降带来的劳动参与率性别差异并未缩小，性别工资差异也没有发生收敛，甚至在某些时期还有扩大的趋势。这个中国悖论构成了本书的论题"中国产业结构转型过程中劳动市场性别差异之谜",主要包括两个部分:其一是中国的产业结构转型并没有带来中国劳动市场性别差异的缩小;其二是与世界各国和地区完全不一样,中国劳动市场性别差异还在近30年里呈现小幅扩大的趋势。

二 产业结构转型与"性别差异之谜"

本书结合中国的服务业发展状况研究了中国服务业发展对中国劳动参与率和劳动工资性别差异的影响,从劳动需求和劳动供给两个视角分析研究了服务业发展对劳动市场性别表现差异的缩小机制,以解决"性别差异之谜"的第一个部分。从劳动需求视角来看,产业结构转型带来的服务业份额的提高会促进劳动参与率性别差异的缩小,但这种作用是较弱的,特别是在纵向比较上,这可能是因为中国各个地区的服务业发展差距较大,而在近二十年里,服务业发展并没有取得多大进步。对性别工资差异的研究结果表明,地区之间服务业发展水平的不同能够在一定程度上解释性别工资差异的不同,但服务业份额的提高并不能有效缩小性别工资差异。这可能还是因为中国各个地区的服务业发展差距较大,而在近二十年里,服务业发展并没有取得多大进步。具体来看,中国服务业份额与世界发达国家相比还处于极其低下的水平。从服务业内部结构来看,中国服务业内部有很多产业对女性就业的吸收尽管大于制造业对女性就业的吸收,但小于第一产业对女性就业的吸收,也就是说,中国现阶段服务业发展的特点并不能完全反映女性的比较优势。更为重要的是,中国服务业的生产率远低于世界发达国家的水平,这种低下的生产率还不能拉动更多的女性在第三产业就业,进而也就不能体现女性的比较优势,提高女性的工资,进而缩小性别工资差异。从劳动供给视角来看,产业结构转型带来的服务业份额提高会缩小性别间的教育差异,主要表现为增加女性的教育机会,性别教育差异的缩小会缩小两性之间的人力资本积累,进而会缩小劳动市场性别差异,但在短期内,由于女性教育水平的提高,势必会推迟女性进入劳动市场的年龄,可能会降低年轻女性的劳动参与率,但在长期,产业结构转型会提高女性劳动供给的质量和数量,缩小劳动市场性别差异。

三 市场化改革 vs. 人口流动

很多学者已经注意到了中国劳动市场的性别差异有不断扩大的趋势，并开始解释中国的这一独特现象。他们主要从市场化改革的角度探讨了中国劳动市场的性别差异（Meng，1998；Liu，Meng and Zhang，2000；Maurer－Fazio and Hughes，2002；李实和古斯塔夫森，1999；Rozelle et al.，2002）。其中有一些学者将中国劳动市场性别差异扩大的原因归结为中国市场化改革（如 Maurer－Fazio and Hughes，2002）。本书通过改善数据和更新市场化改革评价指标研究了中国市场化改革对劳动市场性别差异的影响，结果并未发现中国市场化改革能够带来中国劳动市场的性别歧视，结果也未显示中国市场化改革能够带来劳动市场的性别差异。因此，仅仅将中国劳动市场性别差异的扩大归结为市场化改革是片面的，市场化改革包含很多方面，市场化指数也包含很多具体的指标，所以有必要进一步更深层次地研究中国劳动市场性别差异扩大的具体原因。

基于市场化改革对中国劳动市场性别差异之谜解释的不足，本书从劳动市场本身出发提出了一个新的解释，即利用中国不断增长的流动人口来解释中国劳动参与率与劳动工资的性别差异。本书梳理了改革开放以来中国劳动力市场的一个非常重要的现象，即中国流动人口不断增长并成为中国人口中的重要一部分。而这些流动人口发生的外出迁移有很大一部分是在家庭视角下发生的，即他们选择是否迁移和迁移地会综合考虑到家庭的整体利益，由于男性在家庭中的经济地位要远强于女性，这导致了女性在迁移中处于被动地位，她们往往沦为"被动移民者"，这会限制她们在迁移地的就业机会，降低她们的劳动参与率，进而降低她们的工资水平。本书研究还发现，人口流动效应尽管会随着时间逐渐降低，但时间稀释效应太慢。本书研究了迁移满三年以上对劳动市场性别差异的影响，结果发现迁移对劳动参与率和劳动工资的性别差异的影响依然显著存在。除此之外，本文还研究了高等教育是否会改变女性在家庭迁移中的弱势地位，结果发现迁移对高等教育水平人群的劳动参与率性别差异的影响并不显著，但迁移仍然会显著影响高等教育水平人群的性别工资差异，相较于其他教育水平人群，影响会有所减小。也就是说，随着教育水平的提高，女性在家庭迁移中会逐渐改变被动迁移者的身份，在家庭迁移中发挥积极主动的作用，从而减小迁移对性别差异的影响。

第二节 对策建议

一 持续推动产业结构转型升级，大力发展现代服务业

世界发达国家劳动市场性别差异缩小的重要原因是这些国家的产业结构转型已经到了一个很高的程度，这些国家的服务业得到了良好的发展。例如，在2012年，美国的服务业份额为79.4%，日本为72.7%，英国为78.0%，法国为79.1%。而中国虽然经过30多年的改革开放，经济快速发展，产业结构转型也取得了很大的成绩，但仍然无法回避服务业发展滞后的事实。截至2013年，中国服务业份额为46.1%，仅比同时期美国服务业份额的一半多一点。因此，要缩小中国劳动市场性别差异，提高女性劳动参与率和改善女性就业环境，必须深化产业结构转型，大力发展现代服务业。

要加快现代服务业的发展，可以做到：首先，降低某些服务业行业进入门槛，不断放开国有企业在服务业某些行业的垄断势力，使民营经济逐渐进入这些服务业行业，加快这些服务业行业的发展，最后扩大对女性劳动力的需求。其次，适当刺激中国居民的消费水平。尽管出口、投资和消费是中国经济增长的三驾马车，但与出口和投资相比，中国消费对经济增长的贡献在近30年里一直是最小的，中国经济非常依赖于出口和投资，在2008年国际金融危机后，世界发达国家开始反思之前的产业结构和外贸战略，并实施"再制造化"的战略，中国出口势必开始减少，但中国政府在2008年出台了4万亿元投资计划，对投资的依赖仍未降低，而投资主导的经济增长肯定会抑制产业结构转型，抑制中国服务业的发展。因此，中国要改变过去过度依赖投资的经济增长方式，逐渐扩大中国居民的消费水平，扩大内需，这既能够促进中国经济增长，又能够促进产业结构转型，促进服

务业的发展，最后也能缩小劳动市场性别差异，促进男女平等。再次，大力发展生活性服务业。生活性服务业包括商贸服务业、文化产业、健康服务业、法律服务业、家庭服务业和旅游业等。这些服务业的主要特点是对体力劳动要求较低，而对脑力劳动和技巧要求较高，这些服务业也是最能发挥女性比较优势的行业，加快这些行业的发展，可以改善中国服务业结构，使中国服务业对女性的发展更为友好，另外这些生活性服务业的发展也是时代形势所趋，随着中国居民收入水平的提高，中国居民对这些服务业的需求也在不断上升，发展这些服务业能够达到一箭双雕的目的。最后，加快新兴服务业的立法和保护。随着中国经济不断发展，中国居民的生活水平的提高，中国居民对服务业的需求在不断升级，也在不断改变，传统的服务业已经远远不能满足中国居民的需求了，新兴服务业的发展和壮大势在必行。而由于这些行业是新兴的事物，如互联网购物和互联网金融，中国现有的法律还没有对这些行业作出全面的规定，另外这些行业也在不断发展，其存在形态也在改变，因此对这些行业的立法，包括对生产者和消费者的保护也必须不断完善和更新，使中国的法律环境和市场环境适应这些新兴服务业的发展。

二　不断推进市场化改革，通过市场竞争消除性别歧视

传统文献在讨论中国的性别歧视时，对市场化改革是否会加剧中国的性别歧视展开一系列探讨，他们认为政府对企业管理权限的下放可能会解放企业管理者对性别歧视的态度，从而在劳动市场上自由对劳动者发放工资，这可能会扩大劳动市场上的性别差异。但本书通过改善数据和更新市场化改革评价指标研究了中国市场化改革对劳动市场性别差异的影响，结果发现中国市场化改革并不一定能够带来中国劳动市场的性别歧视，也并不一定能够带来劳动市场的性别差异，也就是说中国的市场化改革并不能解释中国劳动市场的性别差异。市场化改革不仅不会扩大劳动市场性别差异，反而还可能会改善中国劳动市场的性别歧视。Becker（1971）指出，当工人能够自由选择雇用者时，那些倾向于歧视的企业会给予其喜好的工人大于其边际收益产品，而给予厌恶的工人小于其边际收益产品，这会导致企业面临很大

的成本劣势。成本劣势不仅来自对喜爱工人的过多报酬，还来自因为歧视导致的高技术工人的流失。如果其他条件一样，若企业管理层的工资与企业利润直接挂钩，则这些管理层会减少歧视。因此，要不断推进市场化改革，通过市场竞争消除性别歧视。而其中最重要的是放开政府对劳动力工资的管制，使地方和企业在自负盈亏中充分享有自主经营的权利，能够根据企业需要自由招录员工，并根据员工表现和企业利润对员工发放工资。国家为了控制成本推动性的通货膨胀会采取工资管制的方法，压低企业员工工资，促使经济体的通货膨胀在可以接受的范围内波动。但这种工资管制无疑会改变企业对员工招录和工资发放的影响，增加企业在这些方面的约束，使企业不能根据工人表现和企业利润水平自主决定工人工资。另外，在有些时候，政府为了保护弱势劳动者的福利，会颁布最低工资法，最低工资管制有利于保护劳动者的工资利益、减少企业对劳动者的剥削，但最低工资法的出台同样会对企业招录员工产生重要影响，这时企业往往会只招录那些劳动生产率水平在最低工资之上的员工，而在很多部门，女性的劳动生产率远远低于男性，最低工资法的出现会大大削减女性的就业水平，扩大劳动市场性别差异。

在大力推进市场化改革的同时，也必须注意到，由于生理结构的差异，女性在家庭中承担的任务和家庭分工也不一样，譬如，女性需要生育小孩并进行哺乳，这导致了女性在其职业生涯中必须拿出一段时间从事这些活动，但这无疑会影响企业的生产活动，即使在女性回来工作后也会影响女性的劳动生产率，这导致了劳动市场上的性别歧视，很多企业在招录员工时会优先考虑男性。因此必须健全立法，保护女性的合法权益，尽量减少女性在职业发展中受到的性别歧视。

三 改善女性在家庭迁移中的被动处境，促进女性流动人口就业

中国流动人口的外出迁移活动有很大一部分是在家庭视角下发生的，即他们选择是否迁移和迁移地会综合考虑家庭的整体利益，由于男性在家庭中的经济地位要远强于女性，这导致了女性在迁移中处于被动地位，她们往往沦为"被动移民者"，这会限制她们在迁移地的就业机会，降低她们的劳动参与率，进而降低她们的工资水平，这导致了中国劳动市场性别差异扩大。笔者还探讨了高等教育是否会改变女性在家庭迁移中的弱势地位，结果发现迁移对高等教育水平人群的劳动参与率性别差异的影响并不显著，但迁移仍然会显著影响高等教育水平人群的性别工资差异，相较于其他教育水平人群，影响会有所减小。也就是说，随着教育水平的提高，女性在家庭迁移中会逐渐改变被动迁移者的身份，在家庭迁移中发挥积极主动的作用，从而减小迁移对性别差异的影响。

因此，我们要改善女性在家庭迁移中的被动地位，促进女性流动人口就业。首先，不断提高女性的受教育水平，改善女性在家庭迁移中的弱势地位。在中国农村地区和西部落后地区，受到封建传统思想的影响，家长在子女的教育培养方面经常会重男轻女，即使国家规定的义务教育，有很多女性也没有完成就已经走向劳动市场赚取微薄的收入或是在家帮助父母务农，这无疑会导致这些女性在以后的各个方面从属于男性，特别是在家庭迁移中处于被动迁移者的地位，因此，这些贫穷落后地区的有关政府部门要落实女孩的义务教育，在法律上督促和保障女孩完成义务教育，这不仅能提高女孩的人力资本积累，也能提高女孩日后在家庭迁移中的主动权。另外，为了鼓励女性更多地接受高等教育，有关政府可以考虑对上大学女孩的家庭进行适当的奖励，提高家庭培养女孩上大学的动力。考虑到上大学的学费和生活成本，教育部门和各高校可以考虑给予困难女学生适当减免学费和生活补贴的措施。

其次，在主要迁入地可以通过产业结构调整，配套解决被动迁移者的就业问题，使大城市或特大城市的产业发展适合男女和谐发展。中国新型城镇化的战略需要更多的农村居民迁入城镇地区，势必会发生大规模的人口流动，如果不处理好迁入地城镇地区女性的就业问题，可能会导致大量女性失业，并进而导致这些女性退出劳动市场。而现在很多城市经济的发展和产业结构的布局并没有考虑到对女性的友好性，一味地追求量化的GDP指标，肯定会导致女性在迁移中相比之下就业环境变得更差，降低女性在家庭的经济地位，扩大整个社会的性别歧视态度。因此主要迁入地要适当调整产业结构，既要重点关注重工业的壮大,也要顾及轻工业的发展,既要大力发展城市经济的优势产业,又要促进适应女性就业的服务业行业的发展,兼顾体力劳动和脑力劳动,兼顾男性和女性的职业发展,促进城市男女两性和谐发展。

再次,主要迁入地和大中城市要做好流动人口落户的配套工作,方便流动人口长期居住和工作。目前很多农民工进城务工都是暂时的人口,在一定时候,他们还会回农村老家结婚生子,然后再进城务工,有的还会带着家人包括配偶一起出来务工。这部分流动人口一直都是短期流动,"随迁家庭主妇"也是短期被动流动,等她们适应了新环境,有可能又会随着丈夫工作的改变换工作换城市,这种不稳定的人口流动导致人口流动对劳动市场性别差异的扩大效益不会随时间缩小。因此有关政府要做好流动人口落户的配套工作,不断进行户籍制度改革,为流动人口在城市的长期定居和工作扫平障碍。

最后,还可以通过一些措施促进流动人口在迁入地寻找配偶结婚,减少被动迁移,从而减少劳动市场的性别差异。农民工进城务工,往往由于对城市婚姻市场的不适应或对外地女孩的不放心,更倾向于回农村老家相亲结婚,第二年出来务工,还会带来"随迁家庭主妇",这无疑会产生大量的女性被动迁移者。但如果农民工在迁入地自由恋爱或是相亲结婚,原本就在同一地点工作的夫妻双方就没有所谓的被动迁移者,也就不会产生"捆绑效应",这有利于减少人口流动对劳动市场性别差异的扩大效应。因此,在这些主要迁入地,相关政府也要周全考虑进城农民工的婚姻问题,为他们在城市寻找对象提供帮助和多种渠道,如举行相亲性质的交友活动等。

第三节 研究展望

由于时间、精力以及本人的研究能力的局限,本书还存在一些不足,需要在以后的研究中进行完善,这些研究可以从这几个方面展开:首先,本书采用大量的数据描述方法和计量经济方法报告了中国劳动市场性别差异的基本事实，研究了服务业发展对劳动市场性别差异的影响，实证分析了导致中国劳动市场性别差异扩大的原因，但全书缺乏对理论模型的创新，不能有效地将本书的理论基础和理论逻辑更好地展现出来。以后的研究需要从理论模型出发，采用一般均衡模型研究服务业发展对中国劳动市场性别差异的影响。另外，本书研究服务业发展对性别教育差异的影响也只考虑了家庭的最优化选择，以后的研究需要拓展这一模型，将生产和消费过程结合起来建模，这样才有更强的说服力。

其次，本书采用了大量的微观数据来研究分析中国劳动市场的性别差异问题，相关宏观数据相对缺乏，由此，本书只能从微观的角度刻画影响中国劳动市场性别差异的原因，但不能定量估计这些因素对中国劳动市场性别差异的影响程度。以后的研究需要从宏观层面研究中国服务业发展，人口流动对中国劳动市场性别差异的影响，并定量分析这些因素对中国劳动市场性别差异的影响程度，可以采用更多的数值模拟等实证分析方法定量研究。

再次，家庭迁移会导致夫妻一方出现被动迁移者，进而导致劳动市场性别差异扩大，是在夫妻工作和生活地点在一起的强假设下成立的，如果夫妻在生活地点上可以选择异地，那么人口流动对劳动市场性别差异的扩大效应就不复存在。当然在实际生活中，夫妻双方完全可以异地生活这种极端情况也很少出现。因此研究流动人口夫妻双方异地生活状况才能更好地衡量人口流动对劳动市场性别差异扩大的影响程度。

最后，更进一步地，家庭迁移视角下的人口流动需要考虑夫妻双方在一起生活工作给双方带来的效用，然后与家庭某一方发生迁移带来的收入水平的提高进行比较，家庭某一方的迁移才会发生。以后的研究可以纳入夫妻双方一起生活的效用来探索中国的人口流动，以及对新型城镇化的影响。另外，如果夫妻双方长期异地，也有可能会对婚姻的稳定性造成一定的负面作用，因此家庭经济学的研究学者可以从这个角度研究外出务工对离婚的影响。

参考文献

[1] 保毓书、周树森、赵树芬：《妇女劳动卫生学》，中国劳动出版社1995年版。

[2] 蔡昉、都阳：《迁移的双重动因及其政策含义——检验相对贫困假说》，《中国人口科学》2002年第4期。

[3] 蔡昉、都阳、王美艳：《户籍制度与劳动力市场保护》，《经济研究》2001年第12期。

[4] 蔡昉：《迁移决策中的家庭角色和性别特征》，《人口研究》1997年第2期。

[5] 陈芳妹、龙志和：《相对贫困对农村劳动力迁移决策的影响研究——来自江西的经验分析》，《南方经济》2006年第10期。

[6] 陈建宝、段景辉：《中国性别工资差异的分位数回归分析》，《数量经济技术经济研究》2009年第10期。

[7] 陈彦斌、郭豫媚、姚一旻：《人口老龄化对中国高储蓄的影响》，《金融研究》2014年第4期。

[8] 丁赛、董晓媛、李实：《经济转型下的中国城镇女性就业、收入及其对家庭收入不平等的影响》，《经济学》（季刊）2007年第4期。

[9] 樊纲、王小鲁、马光荣：《中国市场化进程对经济增长的贡献》，《经济研究》2011年第9期。

[10] 葛玉好、曾湘泉：《市场歧视对城镇地区性别工资差距的影响》，《经济研究》2011年第6期。

[11] 黄志岭、姚先国：《教育回报率的性别差异研究》，《世界经济》2009年第7期。

[12] 江小涓、李辉：《服务业与中国经济：相关性和加快增长的潜力》，《经济研究》2004年第1期。

[13] 雷光勇、刘慧龙：《市场化进程、最终控制人性质与现金股利行为——来自中国A股公司的经验证据》，《管理世界》2007年第7期。

[14] 李实、古斯塔夫森别雍：《中国居民收入分配再研究》，中国财政经济出版社1999年版。

[15] 谭洪波、郑江淮：《中国经济高速增长与服务业滞后并存之谜》，《中国工业经济》2012年第9期。

[16] 沙伊贝、瓦特、福克纳：《高德步、王珏译，剑桥美国经济史》（第三卷）中国人民大学出版社2008年版。

[17] 孙文凯、白重恩、谢沛初：《户籍制度改革对中国农村劳动力流动的影响》，《经济研究》2011年第1期。

[18] 孙铮、刘凤委、李增泉：《市场化程度、政府干预与企业债务期限结构——来自我国上市公司的经验证据》，《经济研究》2005年第5期。

[19] 肖金川、任飞、刘郁：《主要英文经济学期刊论文计量方法分析》，《世界经济》2014年第1期。

[20] 徐现祥、王贤彬、舒元：《地方官员与经济增长——来自中国省长、省委书记交流的证据》，《经济研究》2007年第9期。

[21] 王德文、蔡昉、张国庆：《农村迁移劳动力就业与工资决定：教育与培训的重要性》，《经济学》（季刊）2008年第4期。

[22] 王美今、林建浩：《计量经济学应用研究的可信性革命》，《经济研究》2012年第2期。

[23] 王湘红、孙文凯、任继球：《相对收入对外出务工的影响：来自中国农村的证据》，《世界经济》2012年第5期。

[24] 王小鲁：《城市化与经济增长》，《经济社会体制比较》2002年第1期。

[25] 韦倩、王安、王杰：《中国沿海地区的崛起：市场的力量》，《经济研究》2014年第8期。

[26] 易中天:《中国的男人和女人》,《新闻世界:健康生活》2012年第5期。

[27] 张丹丹:《市场化与性别工资差异研究》,《中国人口科学》2004年第1期。

[28] 张爽、陆铭、章元:《社会资本的作用随市场化进程减弱还是加强?——来自中国农村贫困的实证研究》,《经济学季刊》2007年第2期。

[29] 郑新业、王晗、赵益卓:《"省直管县"能促进经济增长吗?——双重差分方法》,《管理世界》2011年第8期。

[30] 周黎安、陈烨:《中国农村税费改革的政策效果:基于双重差分模型的估计》,《经济研究》2005年第8期。

[31] 周业安、冯兴元、赵坚毅:《地方政府竞争与市场秩序的重构》,《中国社会科学》2004年第1期。

[32] Acemoglu, Daron and Veronica Guerrieri. Capital Deepening and Non-Balanced Economic Growth. *Journal of Political Economy*, 2008, 116: pp. 467–498.

[33] Adukia A. *Sanitation and Education*. Cambridge, MA: Harvard Graduate School of Education, 2013.

[34] Aigner D. J., Cain G. G. Statistical Theories of Discrimination in labor markets. *Industrial and Labor Relations Review*, 1977: pp. 175–187.

[35] Akerlof G. A., Yellen J. L. The fair wage-effort hypothesis and unemployment. *The Quarterly Journal of Economics*, 1990: pp. 255–283.

[36] Akbulut R. Sectoral changes and the increase in women's labor force participation. *Macroeconomic Dynamics*, 2011, 15 (02): pp. 240–264.

[38] Appleton S., Knight J, Song L., et al. Labor retrenchment in China: Determinants and consequences. *China Economic Review*, 2002, 13 (2): pp. 252–275.

[40] Arrow K J. The value of and demand for information. *Decision and organization*, 1971, 2: pp. 131–139.

[41] Baker, Michael, Jonathan Gruber, and Kevin Milligan. Universal

Childcare, Maternal Labor Supply, and Family Well – being. National Bureau of Economic Research, 2005, No. w11832.

[42] Barro R. J., Salai – Martin, Xavier. "Convergence". *Journal of Political Economy*, 1992, 100 (2).

[43] Baumol W. J. Macroeconomics of Unbalanced Growth: the Anatomy of Urban Crisis. *The American Economic Review*, 1967: pp. 415 – 426.

[44] Becker G. S., Hubbard W. H. J., Murphy K M. Explaining the Worldwide Boom in Higher Education of Women. *Journal of Human Capital*, 2010, 4 (3): pp. 203 – 241.

[45] Becker G. S. A theory of marriage [M] //Economics of the family: Marriage, children, and human capital. UMI, 1974: pp. 299 – 351.

[46] Becker G. S. *The Economics of Discrimination*. University of Chicago press, 1957.

[47] Becker G. S. Human Capital, Effort, and the Sexual Division of Labor. *Journal of Labor Economics*, 1985: pp. S33 – S58.

[48] Bell L. A., Freeman R. B. The Incentive for Working Hard: Explaining Hours Worked Differences in the US and Germany. *Labour Economics*, 2001, 8 (2): pp. 181 – 202.

[49] Bergmann B. R.. Occupational Segregation, Wages and Profits when Employers Discriminate by Race or Sex. *Eastern Economic Journal*, 1974, 1 (2): pp. 103 – 110.

[50] Bhandari P. Relative Deprivation and Migration in an Agricultural Setting of Nepal. *Population and Environment*, 2004, 25 (5): pp. 475 – 499.

[51] Bielby W. T., Bielby D. D. I will Follow Him: Family ties, Gender – role Beliefs, and Reluctance to Relocate for a Better Job. *American Journal of Sociology*, 1992: pp. 1241 – 1267.

[52] Blau F. D., Kahn L. M. The Gender Earnings Gap: Learning from International Comparisons. *The American Economic Review*, 1992: pp. 533 – 538.

[53] Blau F. D., Kahn L. M. Wage Structure and Gender Earnings Differentials: an International Comparison. *Economica*, 1996: pp. S29 – S62.

[54] Blau F. D., Kahn L. M. Gender Differences in Pay. National Bureau of Economic Research, 2000.

[55] Blau F. D., Kahn L. M. The US Gender Pay Gap in the 1990s: Slowing Convergence. *Industrial & Labor Relations Review*, 2006, 60 (1): pp. 45 –66.

[57] Bowles S., Park Y. Emulation, Inequality, and Work Hours: Was Thorsten Veblen Right?. *The Economic Journal*, 2005, 115 (507): pp. F397 – F412.

[58] Boyle P., Cooke T., Halfacree K., et al. Gender Inequality in Employment Status following Family Migration in GB and the US: the Effect of Relative Occupational Status. *International Journal of Sociology and Social Policy*, 1999, 19 (9/10/11): pp. 109 – 143.

[59] Boyle P., Cooke T. J., Halfacree K., et al. A Cross – National Study of the Effects of Family Migration on Women's Labour Market Status: Some Difficulties with Integrating Microdata from Two Censuses. *Journal of the Royal Statistical Society: Series A (Statistics in Society)*, 2002, 165 (3): pp. 465 – 480.

[60] Brainerd E. Women in Transition: Changes in Gender Wage Differentials in Eastern Europe and the Former Soviet Union. *Industrial & Labor Relations Review*, 2000, 54 (1): pp. 138 – 162.

[61] Brainerd E. Winners and Losers in Russia's Economic Transition. *American Economic Review*, 1998: pp. 1094 – 1116.

[62] Buera F. J., Kaboski J. P., Zhao M. Q. The Rise of Services: the Role of Skills, Scale, and Female Labor Supply. National Bureau of Economic Research, 2013.

[63] Buera F. J., Kaboski J. P. The Rise of the Service Economy. National Bureau of Economic Research, 2009.

[64] Burde D., Linden L. L. Bringing Education to Afghan Girls: A Ran-

domized Controlled Trial of Village – Based Schools. *American Economic Journal: Applied Economics*, 2013, 5 (3): pp. 27 – 40.

[65] Buss D. M. Sex differences in Human Mate Preferences: Evolutionary Hypotheses Tested in 37 Cultures. *Behavioral and Brain Sciences*, 1989, 12 (01): pp. 1 – 14.

[66] Card, David, and Alan B. Krueger. Minimum Wages and Employment: A Case Study of The Fast Food Industry in New Jersey and Pennsylvania. National Bureau of Economic Research, 1993, No. w4509.

[67] Carranza E. Soil Endowments, Female Labor Force Participation, and the Demographic Deficit of Women in India. *American Economic Journal: Applied Economics*, 2014, 6 (4): pp. 197 – 225.

[68] Caselli F., Coleman II W. J. The US Structural Transformation and Regional Convergence: A Reinterpretation. *Journal of Political Economy*, 2001, 109 (3): pp. 584 – 616.

[69] Caselli F. Accounting for Cross – Country Income Differences. *Handbook of Economic Growth*, 2005, 1: pp. 679 – 741.

[70] Charles K. K., Luoh M. C. Gender Differences in Completed Schooling. *Review of Economics and Statistics*, 2003, 85 (3): pp. 559 – 577.

[71] Chen M. A Matter of Survival: Women's Right to Employment in India and Bangladesh. *Women, Culture and Development: A Study of Human Capabilities*, 1995: pp. 37 – 57.

[72] Chenery H. B., Syrquin M., Elkington H. *Patterns of Development*, 1950—1970. London: Oxford University Press, 1975.

[73] Chiappori P. A., Weiss Y. Divorce, Remarriage, and Child Support. *Journal of Labor Economics*, 2007, 25 (1): pp. 37 – 74.

[75] Coen – Pirani D., Le'on A, Lugauer S. The Effect of Household Appliances on Female Labor Force Participation: Evidence from Microdata. *Labour Economics*, 2010, 17 (3): pp. 503 – 513.

[76] Cooke T. J. Family Migration and the Relative Earnings of Husbands

and Wives. *Annals of the Association of American Geographers*, 2003, 93 (2): pp. 338 – 349.

[77] Cooke T. J., Bailey A. J. Family Migration and the Employment of Married Women and Men. *Economic Geography*, 1996: pp. 38 – 48.

[78] Cooke T. J, Speirs K. Migration and Employment Among the Civilian Spouses of Military Personnel. *Social Science Quarterly*, 2005, 86 (2): pp. 343 – 355.

[81] Devoto F., Duflo E., Dupas P., et al. V. Pons. Happiness on Tap: Piped Water Adoption in Urban Morocco. *American Economic Journal: Economic Policy*, 2012, 4: pp. 68 – 99.

[82] Dinkelman T. The Effects of Rural Electrification on Employment: New Evidence from South Africa. *The American Economic Review*, 2011: pp. 3078 – 3108.

[83] Dong X. Y, Putterman L. Soft Budget Constraints, Social Burdens, and Labor Redundancy in China's State Industry. *Journal of Comparative Economics*, 2003, 31 (1): pp. 110 – 133.

[84] Dong X. Y, Xu L. C. Downsizing, Firm Performance, and Income Distribution: Evaluating the Labor Restructuring Program in Chinese Firms. Available at SSRN 766445, 2005.

[85] Dong X., Jiangchun Y. Women's Employment and Public Sector Restructuring. *Unemployment in China*, 2006: p. 87.

[86] Dougherty C. Why are the Returns to Schooling Higher for Women than for Men?. *Journal of Human Resources*, 2005, 40 (4): pp. 969 – 988.

[87] Duncan R. P., Perrucci C. C. Dual Occupation Families and Migration. *American Sociological Review*, 1976: pp. 252 – 261.

[88] Eissa, Nada, and Jeffrey B. Liebman. Labor Supply Response to The Earned Income Tax Rredit. *The Quarterly Journal of Economics*, 1996, 111 (2).

[89] Fehr E., Schmidt K. M. A theory of Fairness, Competition, and

Cooperation. *Quarterly journal of Economics*, 1999: pp. 817 – 868.

[90] Fehr E., Gächter S. Fairness and retaliation: The economics of reciprocity. *The journal of economic perspectives*, 2000: pp. 159 – 181.

[91] Field E., Ambrus A. Early marriage, age of menarche, and female schooling attainment in Bangladesh. *Journal of Political Economy*, 2008, 116 (5): pp. 881 – 930.

[92] Field E., Jayachandran S., Pande R. Do traditional institutions constrain female entrepreneurship? A field experiment on business training in India. *The American Economic Review*, 2010: pp. 125 – 129.

[93] Field E., Jayachandran S., Pande R., et al. Friends at Work: Can Peer Support Stimulate Female Entrepreneurship? . Mimeo, Northwestern University, 2014.

[94] Frank R. H. Why women earn less: the theory and estimation of differential overqualification. *The American Economic Review*, 1978: pp. 360 – 373.

[95] Fuchs V. R. *The service economy.* New York: Columbia University Press, 1968.

[96] Galor O., Weil D. N. The gender gap, fertility, and growth. National Bureau of Economic Research, 1993.

[97] Giles J., Park A., Cai F. Reemployment of dislocated workers in urban China: The roles of information and incentives. *Journal of Comparative Economics*, 2006, 34 (3): pp. 582 – 607.

[98] Goldin C. A grand gender convergence: Its last chapter. *The American Economic Review*, 2014, 104 (4): pp. 1091 – 1119.

[99] Goldin C. Understanding the gender gap: An economic history of American women. *Equal employment opportunity: Labor market discrimination and public policy*, 1994: pp. 17 – 26.

[100] Goldin, C. and L. F. Katz. The Power of the Pill: Oral Contraceptives and Women's Career and Marriage Decisions. *Journal of Political Economy*, 2002, 110: pp. 730 – 770.

[101] Goldin, C., Katz, L. F., and Kuziemko, I. The homecoming of American college women: The reversal of the college gender gap. *Journal of Economic Perspectives*, 2006, 20 (4): pp. 133 - 156.

[102] Gollin D., Parente S., Rogerson R. The role of agriculture in development. *American Economic Review*, 2002: pp. 160 - 164.

[103] Gollin D., Parente S. L., Rogerson R. The food problem and the evolution of international income levels. *Journal of Monetary Economics*, 2007, 54 (4): pp. 1230 - 1255.

[105] Greenwood J, Seshadri A, Yorukoglu M. Engines of liberation. *The Review of Economic Studies*, 2005, 72 (1): pp. 109 - 133.

[106] Gustafsson B., Li S. Economic transformation and the gender earnings gap in urban China. *Journal of Population Economics*, 2000, 13 (2): pp. 305 - 329.

[108] Herrendorf B., Rogerson R., Valentinyi A. Growth and structural transformation. National Bureau of Economic Research, 2013.

[110] Jacobsen J. P, Levin L. M. Marriage and migration: Comparing gains and losses from migration for couples and singles. *Social Science Quarterly*, 1997: pp. 688 - 709.

[111] Jayachandran S. The roots of gender inequality in developing countries. National Bureau of Economic Research, 2014.

[112] Jayachandran S., Lleras - Muney A. Life expectancy and human capital investments: Evidence from maternal mortality declines. National bureau of economic research, 2008.

[113] Jensen R. Do labor market opportunities affect young women's work and family decisions? Experimental evidence from India. *The Quarterly Journal of Economics*, 2012: qjs002.

[114] Kim J., Alderman H., Orazem P. F. Can private school subsidies increase enrollment for the poor? The Quetta Urban Fellowship Program. *The World Bank Economic Review*, 1999, 13 (3): pp. 443 - 465.

[115] Kongsamut P. , Rebelo S. , Xie D. Beyond balanced growth. *The Review of Economic Studies*, 2001, 68 (4): pp. 869 – 882.

[116] Korzec, M. *Labor and the Failure of Reform in China.* New York: St. Martin's Press, 1992.

[117] Kravis I. B. Comparative studies of national incomes and prices. *Journal of Economic Literature*, 1984: pp. 1 – 39.

[118] Kuhn P. , Lozano F. The expanding workweek? understanding trends in long work hours among US men, 1979 – 2006. *Journal of Labor Economics*, 2008, 26 (2): pp. 311 – 343.

[119] Kuznets, S. Quantitative aspects of the economic growth of nations: II. industrial distribution of national product and labor force. *Economic Development and Cultural Change*, 1957: pp. 1 – 111.

[120] Landers R. M. , Rebitzer J. B. , Taylor L. J. Rat race redux: Adverse selection in the determination of work hours in law firms. *The American Economic Review*, 1996: pp. 329 – 348.

[121] Lazear E. P, Rosen S. Rank – Order Tournaments as Optimum Incentive Contracts. *Journal of Political Economy*, 1981.

[122] Lebergott S. *Pursuing happiness: American consumers in the twentieth century.* Princeton University Press, 2014.

[123] LeClere F. B. , McLaughlin D. K. Family migration and changes in women's earnings: a decomposition analysis. *Population research and Policy review*, 1997, 16 (4): pp. 315 – 335.

[124] Li S. , Jin S. , Xiaochuan L. Evolution of the Gender Wage Gap among China's Urban Employees. *Social Sciences in China*, 2011, 32 (3): pp. 161 – 180.

[125] Lichter D. T. Household migration and the labor market position of married women. *Social Science Research*, 1980, 9 (1): pp. 83 – 97.

[126] Lichter D. T. The migration of dual – worker families: does the wifes job matter? . *Social Science Quarterly*, 1982, 36 (1): pp. 48 – 57.

[127] Liu P. W. , Meng X. , Zhang J. Sectoral gender wage differentials

and discrimination in the transitional Chinese economy. *Journal of Population Economics*, 2000, 13 (2): pp. 331 – 352.

[128] Long L. H. Women's labor force participation and the residential mobility of families. *Social Forces*, 1974, 52 (3): pp. 342 – 348.

[129] Luke N., Munshi K. Women as agents of change: Female income and mobility in India. *Journal of Development Economics*, 2011, 94 (1): pp. 1 – 17.

[130] Maddison A. Growth and slowdown in advanced capitalist economies: techniques of quantitative assessment. *Journal of Economic literature*, 1987: pp. 649 – 698.

[131] Maurer – Fazio M., Hughes J. The effects of market liberalization on the relative earnings of Chinese women. *Journal of Comparative Economics*, 2002, 30 (4): pp. 709 – 731.

[132] Meeks R. Water Works: The Economic Impact of Water Infrastructure. *Harvard Environmental Economics Program*, 2012: pp. 12 – 35.

[133] Meng X. Male – female wage determination and gender wage discrimination in China's rural industrial sector. *Labour Economics*, 1998, 5 (1): pp. 67 – 89.

[134] Miller G. Contraception as development? new evidence from family planning in colombia. *The Economic Journal*, 2010, 120 (545): pp. 709 – 736.

[135] Mincer J. Family migration decisions. *Journal of Political Economy*, 1978, 86: pp. 749 – 778.

[136] Mincer, J., & Polachek, S. Family investments in human capital: Earnings of women. *In Marriage, family, human capital, and fertility* (pp. 76 – 110). NBER, 1974.

[137] Mincer, J. Family Migration Decisions. *Journal of Political Economy*, 1978, 86: pp. 749 – 778.

[138] Mincer, J., & Polachek, S. Family investments in human capital: Earnings of women. In Marriage, family, human capital, and fertil-

ity. NBER, 1974.

[139] Muralidharan, K. and K. Sheth. Bridging Education Gender Gaps in Devel – oping Countries: The Role of Female Teachers. *National Bureau of Economic Research*, 2013.

[140] Muralidharan, K. and N. Prakash. Cycling to School: Increasing Secondary School Enrollment for Girls in India. *National Bureau of Economic Research*, 2013.

[141] Neumark, David and Andrew Postlewaite. Relative Income Concerns and the Rise in Married Women's Employment. *Journal of Public Economics*, 1998, Volume 70: pp. 157 – 183.

[142] Ngai, L. Rachel and Chrisopher A. Pissarides. Structural Change in a Multisector Model of Growth. *American Economic Review*, 2007, 97: pp. 429 – 443.

[143] Ngai, L. Rachel and Chrisopher A. Pissarides. Trends in Hours and Economic Growth. *Review of Economic Dynamics*, 2008, 11: 239 – 256.

[145] Ngo, H. Y. Trends in occupational sex segregation in urban China. *Gender, Technology and Development*, 2002, 6: pp. 175 – 196.

[146] Nick, M., & Walsh, P. R. Building the family nest: Premarital investments, marriage markets, and spousal allocations. *The Review of Economic Studies*, 2007, 74 (2): pp. 507 – 535.

[147] Olivetti, C., & Petrongolo, B. Gender gaps across countries and skills: Supply, demand and the industry structure. National Bureau of Economic Research, 2011.

[148] Pekkarinen, T. Gender Differences in Educational Attainment: Evidence on the Role of Tracking from a Finnish Quasi – experiment. *The Scandinavian Journal of Economics*, 2008, 110 (4): pp. 807 – 825.

[149] Phelps, E. S. The statistical theory of racism and sexism. *The American Economic Review*, 1972, 62 (4): pp. 659 – 661.

[150] Pitt, M. M., Rosenzweig, M. R., & Hassan, M. N. Human capital investment and the gender division of labor in a brawn – based economy. *The American Economic Review*, 2012, 102 (7): pp. 3531 – 3560.

[151] Psacharopoulos, G., & Patrinos, H. A. Returns to investment in education: a further update. *Education economics*, 2004, 12 (2): pp. 111 – 134.

[152] Qian, N. Missing Women and the Price of Tea in China: The Effect of Sex – Specific Earnings on Sex Imbalance. *Quarterly Journal of Economics*, 2008: pp. 123.

[153] Quinn, M. A. Relative deprivation, wage diferentials and Mexican migration. *Review of Development Economics*, 2006, 10 (1): pp. 135 – 153.

[154] Ramey, V. A. Time Spent in Home Production in the Twentieth – Century United States: New Estimates from Old Data. *Journal of Economic History*, 2009, 69: pp. 1 – 47.

[155] Reid, M. G. *Economics of household production* [M]. J. Wiley & Sons, Inc., 1934.

[157] Restuccia, Diego, Dennis Tao Yang, and Xiaodong Zhu. Agriculture and Aggregate Pro – ductivity: A Quantitative Cross – Country Analysis. *Journal of Monetary Economics*, 2008, 55: pp. 234 – 250.

[158] Rogerson, R. Structural transformation and the deterioration of European labor market outcomes. National Bureau of Economic Research, 2007.

[159] Rogerson, Richard. Structural Transformation and the Deterioration of European Labor Market Outcomes. *Journal of Political Economy*, 2008, 116: pp. 235 – 259.

[160] Rozelle, S., Dong, X. Y., Zhang, L., & Mason, A. Gender Wage Gaps in Post - Reform Rural China. *Pacific Economic Review*, 2002, 7 (1): pp. 157 – 179.

[161] Sandell, S. H. Women and the Economics of Migration. *Review of Economics and Statistics*, 1977, 59: pp. 406 –414.

[162] Shauman, K. A. and M. C. Noonan. Family Migration and Labor Force Outcomes: Sex Differences in Occupational Context. *Social Forces*, 2007, 85: pp. 1735 –1764.

[163] Shihadeh, E. S. The Prevalence of Husband – Centered Migration: Employment Consequences for Married Mothers. *Journal of Marriage and the Family*, 1991, 53: pp. 432 –444.

[164] Sjaastad, L. A. The Costs and Returns to Human Migration. *Journal of Political Economy*, 1962, 70: pp. 80 –93.

[165] Spitze, G. Family Migration Largely Unresponsive to Wife's Employment (Across Age Groups). *Sociology and Social Research*, 1986, 70: pp. 231 –234.

[166] Staiger, D. and J. H. Stock. Instrumental Variables Regression with Weak Instruments. *Econometrica*, 1997, Vol. 65, No. 3, pp. 557 –586.

[167] Stark, O. Rural – to – Urban Migration in LDSs: A Relative Deprivation Approach. *Economic Development and Cultural Change*, 1984, Volume 32, No. 3, pp. 475 –486.

[168] Stark, Oded and J. Edward Taylor. Migration Incentives, Migration Types: the Role of Relative Deprivation. *The Economic Journal*, 1991, No. 101, pp. 1163 –1178.

[169] Stark, Oded and J. Edward Taylor. Relative Deprivation and International Migration. *Demography*, 1989, Volume 26, No. 1, pp. 1 –14.

[170] Stark, Oded and Yitzhaki, Shlomo. Labour Migration as a Response to Relative Deprivation. MPRA Paper, 1988, May, No. 21670.

[171] Stigler, G. J. *Trends in employment in the service industries*. NBER Books, 1956.

[172] Todaro, M. P. A Model of Labor Migration and Urban Unemployment in Less Developed Countries. *American Economic Review*,

1969, Volume 59, No. 1, pp. 138 – 148.

[173] Trostel, P. , Walker, I. , & Woolley, P. Estimates of the economic return to schooling for 28 countries. *Labour economics*, 2002, 9 (1): pp. 1 – 16.

[174] Wei, Chi and Bo, Li. Trends in china's gender employment and pay gap: estimating gender pay gaps with employment selection. *Journal of comparative economics*, 2014, 42: pp. 708 – 725.

[175] Wellington, A. J. Changes in the male/female wage gap, 1976 – 1985. *Journal of Human Resources*, 1993: pp. 383 – 411.

[176] World Health Organization. Maternal Mortality. Fact Sheet No. 348. http://www.who.int/mediacentre/factsheets/fs348/en/, 2014.

[177] Zhang, J. , Han, J, Liu, J. and Zhao, J, Trends in the Gender Ee-arnings Differential in Urban China, 1988 – 2004. *Industrial&Labor Relations Review*, 2008, 61 (2): pp. 224 – 243.